修订升级版

深度掌握**技术要点**，把握更多**投资机会**！

股票投资入门
与实战技巧

从零开始学炒股

王坤◎著

民主与建设出版社

·北京·

© 民主与建设出版社，2021

图书在版编目（CIP）数据

股票投资入门与实战技巧：从零开始学炒股 / 王坤
著 . — 北京：民主与建设出版社，2021.12
ISBN 978-7-5139-2840-3

Ⅰ . ①股… Ⅱ . ①王… Ⅲ . ①股票投资 - 基本知识
Ⅳ . ① F830.91

中国版本图书馆 CIP 数据核字（2021）第 252181 号

股票投资入门与实战技巧：从零开始学炒股
GUPIAO TOUZI RUMEN YU SHIZHAN JIQIAO：CONG LING KAISHI XUE CHAOGU

著　　者　王　坤
责任编辑　郭丽芳　周　艺
装帧设计　润和佳艺
出版发行　民主与建设出版社有限责任公司
电　　话　（010）59417747　59419778
社　　址　北京市海淀区西三环中路 10 号望海楼 E 座 7 层
邮　　编　100142
印　　刷　北京昊鼎佳印印刷科技有限公司
版　　次　2021 年 12 月第 1 版
印　　次　2021 年 12 月第 1 次印刷
开　　本　710mm×1000mm　1/16
印　　张　14
字　　数　250 千字
书　　号　ISBN 978-7-5139-2840-3
定　　价　42.00 元

在定期存款、股票、期货、基金等一系列理财方式中，股票是让人又爱又恨的一种：门槛低、收益相对高、风险可控等优点让它具备长久的诱惑力；但有时看着自己买入的股票天天泛绿，继续持有的话闹心，抛了又肉疼。对散户来说，想要在这令人爱恨交加的股市里面捞一桶金不算难事，难的是源源不断地获得收益。究其原因就是他们不懂得更新知识和自如地运用学到的知识。对股票基础知识基本为零的投资新手来说，应该懂得"武装好大脑，才能武装好钱包"的道理。

新手炒股，一般要从三个方面着手。

第一，了解股市基础知识。

与进入其他市场一样，作为新手，初入股市，要对市场的参与者、自己交易的标的、交易价格的形成、自己平日里所使用的交易工具进行一个简单的了解。这种了解能使人从更加宏观的角度来观察股市，摆脱股价短期波动带来的不利影响。

第二，掌握一项适合自己的技术。

要想成为一个专业的医生，需要长期的技术训练；要想成为一个工程师，也需要长期的工作经验。但许多初入股市的人，却忘记了作为一个投资者也需要一项适合自己的交易技术，更忘记了这可能需要较长的时间进行训练。

第三，树立正确的交易理念。

有一些错误，作为交易者是绝对不能犯的；有一些前期工作，作为交易者是永远不可能准备周全的；有一些钱，作为交易者是绝对不可以动用的……

这就是交易中不可不知的一些经典理念，只有将正确的交易理念与交易技术相结合，操作才能真正取得成功。

本书就是从以上三个方面入手来介绍新手如何炒股的。

其中，前三章主要介绍股票的基础知识和投资必须树立的一些交易理念。它包括股票基础知识、开户过程、大智慧炒股软件的使用策略、新手必知的投资理念等。

第四章到第七章介绍技术分析，涉及的内容包括K线理论、形态理论、均线指标和MACD指标。这些都是炒股所必须掌握的经典技术分析工具，特别是MACD指标，无论是短线操作还是中长线操作，都有无可替代的作用，投资者要注意仔细揣摩。

第八章是实战综合，利用十个案例来说明实战操作中如何利用学到的技术来买卖个股，以达到控制亏损、放大盈利的目的。

相信本书能够为投资者的股市求索之路提供实实在在的帮助，让投资者尽量避免陷入被套牢和亏损的境地，实现用钱赚钱的梦想。

目录

第一章
股票投资入门

第二章
大智慧炒股软件的使用方法

第四章
利用K线找买卖点

第六章

利用均线找买卖点

第八章
新手实战案例解读

附 录
熟练使用大智慧软件中的热键

第一章
股票投资入门

1. 股票基础知识

◎ 股票的概念和特征

◎ 证券交易所和券商

◎ 股市常用术语

2. 开户与入市

◎ 选择适合自己的券商

◎ 新手开户的常见问题

3. 新手必知的四个投资理念

◎ 急着赚钱是最大的心魔

◎ 知识永远不可能准备充分

◎ 掌握一种适合自己的交易工具

◎ 绝不能拿亏不起的钱去炒股

1. 股票基础知识

◎ 股票的概念和特征

股票这两个字对身处现代社会的我们来说可谓是耳熟能详，然而股票到底是什么呢？

股票是股份公司在筹集资本时向出资人公开或私下发行的，用以证明出资人的股东身份和权利，并根据持有人所持有的股份数享有相应的权益和承担相应的义务的凭证。

从上述定义可以看出，股票是一种有价证券，代表着其持有人（股东）对股份公司的所有权。股票可以公开上市，也可以不上市。其中，上市的股票称流通股，可在股票交易所（即二级市场）自由买卖，是人们投资的主要对象。非上市的股票不能进入股票交易所，不能在交易所自由买卖。

股票持有人（即股东）享有公司章程所规定的多种权利，例如参加股东大会、投票表决、收取股息和分享红利等。此外，公司一旦破产清算，股东还享有法定程序的被赔偿权利。与此同时，股东也要承担公司运作中的有限风险。如果是上市公司，股东还要承担有时与公司运作没有密切关系的市场风险，包括股票市场、资本市场、金融市场等。

股票至今已有近400年的历史，它是伴随着股份公司的出现而出现的。

欧洲封建社会的末期，随着企业经营规模扩大，资本不足成为制约企业发展的重要障碍，这就要求一种全新的方式来让企业获得大量的资本金，于是产生了以股份公司形态出现的，股东共同出资经营的企业组织。

世界上最早的股份有限公司制度诞生于西欧小国荷兰，1602年在该国成立了以掠取东方财富为主要业务的东印度公司。它通过向全社会融资的方式，发行了当时价值650万荷兰盾的股票，几乎每个荷兰人都购买了这家公司的股票，甚至包括阿姆斯特丹市市长的用人。这种企业组织形态出现以后，极大地调动了社会资源，形成了一种"集中力量办大事"的社会效果。于是，这种企业组织形式很快被其他资本主义国家广泛接受，成为资本主义国家企业组织的重要形式之一。

伴随着股份公司的发展，股票持有人逐渐产生了转让股票的需求。这样，就带动了股票市场的出现和形成，并促使股票市场完善和发展。1611年荷兰东印度公司的股东就在阿姆斯特丹股票交易所进行股票交易，并且后来有了专门的经纪人撮合交易。阿姆斯特丹股票交易所形成了世界上第一个股票市场。这之后，股份有限公司逐步成为最基本的企业组织形式之一，甚至是社会组织形式之一，而股票已经成为大企业筹资的重要渠道和方式，同时也是投资者投资的基本方式。股票市场（包括股票的发行和交易）与债券市场也成为证券市场的重要内容。

中国股票市场在清末已经有了零星的发展，但没有形成真正的气候，而真正的股票市场则开始于民国初年。1916年，孙中山与沪商虞洽卿共同建议组织上海交易所股份有限公司，拟具章程和说明书，呈请农商部核准。1920年2月1日，上海证券物品交易所在总商会开创立会，2月6日交易所召开理事会，选举虞洽卿为理事长。同年6月，上海证券物品交易所正式被批准，运作模式引用日本模式，还聘请了日本顾问。7月1日，交易所开业，采用股份公司形式，交易标的分为有价证券、棉花等7类。这就是近代中国最早的可流通股票。

之后，中国股票的发行经历了民国北洋政府、国民政府（中间还隔有汪伪政府）、中华人民共和国中央人民政府。购买股票使用的币种有银元、法币、中储券、关金券、金圆券、人民币。如今，收藏界把这百余年发行的股票进行分组，分为清末、民国、解放区、中华人民共和国成立初期、改革开放后等。有兴趣的投资者可以到市场上去淘一些。

股票具有如下几个鲜明的特点。

（1）不可偿还性。

股票是一种无偿还期限的有价证券，投资者认购了股票后，就不能再要求退股，只能到二级市场卖给第三者。股票的转让只是意味着公司股东的改变，并不减少公司的资本。从期限上看，只要公司存在，它所发行的股票就存在，股票的期限等于公司存续的期限。

（2）参与性。

股东有权出席股东大会，选举公司董事会，参与公司重大决策。股票持有者的投资意志和享有的经济利益，通常是通过出席股东大会行使股东参与权实现的。股东参与公司决策的权利大小，通常取决于其所持有的股份的多少。通常来说，如果股东持有的股票数量达到左右决策结果所需的实际多数时，就能掌握公司的决策控制权，同股不同权的公司除外。

（3）收益性。

股东凭其持有的股票，有权从公司领取股息或红利，获取投资的收益。股息或红利的大小，主要取决于公司的盈利水平和公司的盈利分配政策。股票的收益性，还表现在股票投资者可以获得价差收入或实现资产保值增值。通过低价买入和高价卖出股票，投资者可以赚取价差利润。

以深圳主板市场上的招商港口（001872）为例，如果在2013年1月21日以10元买入100手（1手=100股）该公司股票，6个交易日（1月31日）后便能以15元的价格卖出，赚取50%的利润（如图1-1所示）。

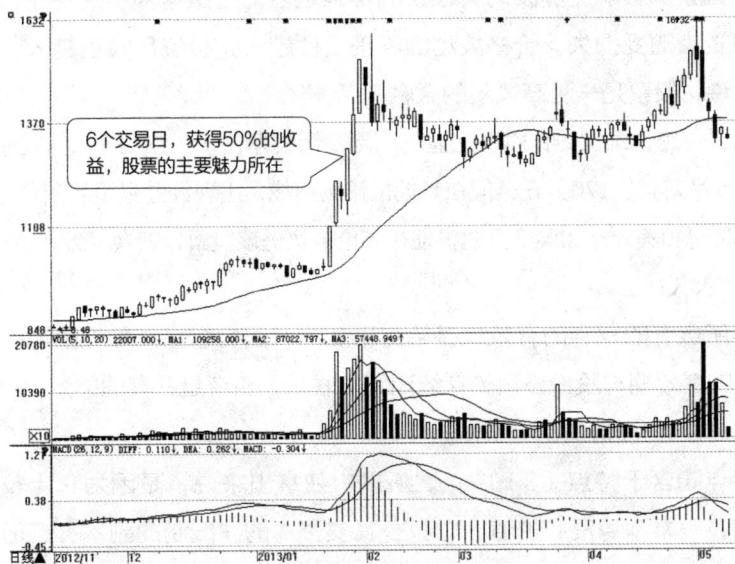

图1-1 招商港口日K线

在高通货膨胀时期，股票通常被视为可优先选择的投资对象。这是因为，在通货膨胀时，股票价格会随着公司原有资产重置价格上升而上涨，从而避免了资产贬值。

（4）流通性。

股票的流通性是指股票在不同投资者之间的可交易性。流通性通常以可流通的股票数量、股票成交量以及股价对交易量的敏感程度来衡量。可流通股数越多，成交量越大，价格对成交量越不敏感（价格不会随着成交量一同变化），股票的流通性就越好，反之就越差。

股票的流通，使投资者可以在市场上卖出所持有的股票，取得现金。通过股票的流通和股价的变动，可以看出人们对相关行业和上市公司的发展前景和盈利潜力的判断。那些在流通市场上吸引大量投资者、股价不断上涨的公司，通过增发股票，不断吸收大量资本进入生产经营活动，达到了优化资源配置的效果。

（5）风险性。

股票作为交易市场上的交易对象，同商品一样，有自己的市场行情和市场价格。由于股票价格要受到诸如公司经营状况、供求关系、银行利率、大众心理等多种因素的影响，其波动有很大的不确定性。正是这种不确定性，有可能使股票投资者遭受损失。价格波动的不确定性越大，投资风险也越大。因此，对大众来说，股票是一种高风险的金融产品。

例如，一度称雄世界计算机产业的国际商用机器公司（IBM），当其业绩不凡时，每股价格曾高达170美元，但在其地位遭到挑战，出现经营失策而招致亏损时，股价又下跌到40美元。如果不合时机地在高价位买进该股票，就会导致严重损失。

（6）永久性。

股票所载有的权利的有效性是始终不变的，因为它是一种无限期的法律凭证。股票的有效期与股份公司的存续期间相联系，两者是并存的关系。

（7）价格与面值的不一致性。

该特点隐含于特点（3）中，之所以单独拿出来说，是因为它比较重要。我们知道，股票本身没有价值，它只是真实资本的"纸制的副本"，但作为一种特殊"金融商品"，在交易时也有一定的价格，这种价格实际上是一种资本化的收入。股票价格受企业经营状况及其他社会、政治和经济等诸多因素的影响，往往与其票面价值不一致，从而吸引了大批以获取股市差价利益为目的的投机者，并为其奠定了活跃的基础。

从某种程度上讲，股票已经脱离了实体而独自成为另一种奇特的东西。

◎ 证券交易所和券商

证券交易所和券商是股市中必不可少的两个部分。

证券交易所，俗称交易所，是依据国家有关法律，经政府证券主管机关批准设立的集中进行证券交易的有形场所。上海证券交易所、深圳证券交易所和香港证券交易所是人们熟悉的3个证券交易场所。

上海证券交易所（简称上交所）成立于1990年11月26日，同年12月19日开业，为不以盈利为目的的法人，归属中国证监会直接管理。目前，上海证券交易所是国际证监会组织、亚洲暨大洋洲交易所联合会、世界交易所联合会的成员。经过多年的持续发展，该所已成为中国内地首屈一指的证券市场，上市公司数、上市股票数、市价总值、流通市值、证券成交总额、股票成交金额和国债成交金额等各项指标均居首位。截至2019年年底，上交所拥有1572家上市公司，上市证券数17623个，股票市价总值355519.7亿元。一大批国民经济支柱企业、重点企业、基础行业企业和高新科技企业通过上市，既筹集了发展资金，又转换了经营机制。

深圳证券交易所（简称深交所）也由中国证监会直接监督管理，是中国大陆第二家专业的证券交易所。目前，该交易所依托深圳特区，已经建成了辐射全国的证券市场。自开业以来，深交所对建立现代企业制度、推动经济结构调整、优化资源配置、传播市场经济知识，起到了十分重要的促进作用。

香港证券交易所全名为香港交易及结算所有限公司，简称港交所。它是一家控股公司，全资拥有香港联合交易所有限公司、香港期货交易所有限公司和香港中央结算有限公司三家附属公司。主要业务是拥有及经营香港联合交易所与期货交易所，以及其有关的结算所。

证券交易所的职责主要有：提供股票交易的场所和设施，制定证券交易所的业务规则，审核批准股票的上市申请，组织、监督股票交易活动，提供和管理证券交易所的股票市场信息，等等。

证券交易所分为公司制和会员制两种。这两种证券交易所既可以是政府或公共团体出资经营（称为公营制证券交易所），也可以是私人出资经营（称为民营制证券交易所），还可以是政府与私人共同出资经营（称为公私合营的证券交易所）。

"券商"，即经营证券交易的公司，或称证券公司。在中国有申银宏源、华泰、国信等，其实就是上交所和深交所的代理商，他们直接与股民、机构投资者打交道，是证券市场的重要组成部分。

根据证监会2020年8月的数据，我国的合规券商有132家，中国证券业协会将其分为A（AAA、AA、A）、B（BBB、BB、B）、C（CCC、CC、C）、D、E 5大类11个级别。A、B、C三大类中各级别公司均为正常经营公司，其类别、级别的划分仅反映公司在行业内风险管理能力的相对水平。D类、E类公司分别为潜在风险可能超过公司可承受范围及被依法采取风险处置措施的公司。

以2020年为例，该年度有47家券商被评为A类，有39家券商被评为B类，11家券商被评为C类。该年度的一些大型券商有：中信证券、广发证券、海通证券、国泰君安、招商证券、华泰证券、国信证券、光大证券等。

◎ 股市常用术语

投资者开户交易之前，最好先明白下面30个股市常见的专业术语。

（1）MBO。

所谓MBO，即是指由在职的管理层发动，组建一个规模较小的外部投资人集团，收购原来公开上市的公众公司的股票或资产，使它转变为管理层控制的公司。由于外部投资人集团主要通过大量的债务融资来达到转为非上市的目的，因此MBO属于杠杆收购之列。

该术语在20世纪末证券市场一度非常流行，现在较少见了，但我们需要对其有一定的了解。

（2）QFII制度。

所谓QFII制度，即合格的境外机构投资者制度，是指允许经核准的合格外国机构投资者，在一定规定和限制下汇入一定额度的外汇资金，并转换为当地货币，通过严格监管的专门账户投资当地证券市场，其资本利得、股息等经批准后可转为外汇汇出的一种市场开放模式。

现在QFII在国内的影响力不断增强。

（3）**崩盘**。

崩盘即证券市场上由于某种利空原因，出现了证券大量抛出，导致证券市场价格无限度下跌，不知到什么程度才可以停止。这种接连不断地大量抛出证券的现象也称为卖盘大量涌现。

这是证券市场最可怕的一种情况，1929年美国曾出现过此种情况。

（4）**吃货**。

指庄家在股票处于低价时暗中买进股票，又叫吸货、吸筹。

（5）**出货**。

指庄家在高价时，不动声色地卖出股票，称为出货。在庄家出货后期，股价往往出现暴跌，散户将被高位套牢。

（6）**大户**。

指大额投资人，例如，拥有庞大资金的集团或个人。一些券商营业部备有专门的地方（大户室）让这些人独自交易。

（7）**波浪理论**。

波浪理论的全称是艾略特波浪理论，是以美国人艾略特的名字命名的一种技术分析理论。波浪理论把股价的上下变动和不同时期的持续上涨、下跌看成是波浪的上下起伏。波浪的起伏遵循自然界的规律，股票的价格运动也就遵循波浪起伏的规律。简单地说，上升市是5浪，下跌市是3浪。根据数浪来判断股市行情。

波浪理论考虑的因素主要有三个方面：股价走势所形成的形态，股价走势图中各个高点和低点所处的相对位置，完成某个形态所经历的时间长短。

（8）道氏理论。

道氏理论是技术分析的基础。该理论的创始人是美国人查尔斯·亨利·道。为了反映市场总体趋势，他与爱德华·琼斯创立了著名的道·琼斯平均指数。他们在《华尔街日报》上发表的有关股市的文章，经后人整理后，成为我们今天看到的道氏理论。它的主要原理有：市场价格指数可以解释和反映市场的大部分行为，市场波动有三种趋势（主要趋势、次要趋势、短暂趋势），交易量在确定趋势中有重要的辅助作用，收盘价是最重要的价格。

（9）超买。

超买，是指股价持续上升到一定高度，买方力量基本用尽，市场下跌动能开始积聚，股价有较大可能即将下跌。

（10）超卖。

股价持续下跌到一定低点，卖方力量基本用尽，股价即将回升。

（11）成长股。

指新添的有前途的产业中，利润增长率较高的企业股票。一般来说，成长股的股价呈不断上涨趋势。

（12）成交笔数。

指股票成交的次数。

（13）成交数量。

指当天成交的股票数量。

（14）低价区。

一般是多头市场的初期，此时为中短期投资的最佳买点。

（15）底部。

股价长期趋势线的最低部分。

（16）跌破。

股价冲过关卡向下突破称为跌破。

（17）跌势。

股价在一段时间内不断朝新低价方向移动。

（18）跌停板。

证券交易当天股价下跌的最低限度称为跌停板，跌停板时的股价称跌停板价。一般来说，开市即跌停的股票，于第二日仍有可能惯性下跌，尾盘突然跌停的股票，庄家有骗钱的可能，可关注。

（19）多翻空。

原本看好行情的买方改变看法，变为卖方。

（20）多杀多。

买入股票后又立即卖出股票的做法称为多杀多。

（21）技术因素。

许多报纸经济栏内刊登的反映股市特点的各种"技术因素"，如主、次要趋势和逆向运动等。这些因素可以短期内对股票的卖空数量、零星股和整数股的交易比率、哪些股票上升到新高度、哪些股票下降到新低点等进行有益的分析，这对职业投资者和投机者的好处远大于普通投资者。

（22）多头市场。

也称牛市，就是股票价格普遍上涨的市场。

（23）空头市场。

也称熊市，与牛市相反，是股票价格普遍下跌的市场。

（24）法人股。

法人股是指企业法人或具有法人资格的事业单位和社会团体，以其依法可支配的资产投入公司形成的非上市流通的股份。

（25）反弹。

在股市上，股价呈不断下跌趋势，终因股价下跌速度过快而反转回升到某一价位的调整现象称为反弹。一般来说，股票的反弹幅度要比下跌幅度小，通常是反弹到前一次下跌幅度的三分之一左右时，又恢复原来的下跌趋势。

（26）反转。

股价朝原来趋势的相反方向移动，分为向上反转和向下反转。

（27）割肉。

指高价买进股票后，大势下跌，为避免继续损失，低价赔本卖出股票。止损是割肉的一种，提前设立好止损价位，防止更大的损失，是短线投资者应灵活运用的方法，新手使用可防止深度套牢。

（28）关卡。

一般将整数位或黄金分割位或股民习惯上的心理价位称为关卡。

（29）换手率。

换手率是指在一定时间内市场中股票转手买卖的频率，是反映股票流通性的指标之一。计算公式为：换手率＝（某一段时间内的成交量/流通股数）×100％。一般来说，当股价处于低位时，当日换手率达到4％左右时应引起投资者的关注，而上升途中换手率达到20％左右时则应引起警惕。

（30）回档。

在股市上，股价呈不断上涨趋势，终因股价上涨速度过快而反转回跌到某一价位，这一调整现象称为回档。一般来说，股票的回档幅度要比上涨幅度小，通常是反转回跌到前一次上涨幅度的三分之一左右时，又恢复原来上涨趋势。

2. 开户与入市

◎ 选择适合自己的券商

许多新手都是在稀里糊涂的情况下，直接顺着亲戚熟人的意思去开户的，正所谓"你在哪儿开的咱就去哪儿开"，然而投资炒股最忌盲目跟风。因此，选择一家适合自己的券商很重要，否则后续可能会有无尽的麻烦。一个对自己负责任的投资者最好按照下面几个步骤选择适合自己的券商。

（1）选择实力强、信誉好的券商。

作为初学者，懵懵懂懂地进入股市，选择一个正规的、信誉好的大券商开立股票账户是很有必要的。因为选择信誉好的券商能够使交易账户资金安全性、交易软件稳定性、交易跑道的通畅性、券商开展各种业务的资格以及后续服务的完整、收费的诚信透明等都更有保障。很简单，没有充足的资本实力是没法做到更好的。

（2）选择合理的佣金率水平的券商。

股票投资的一项基本费用就是佣金，佣金水平的高低也是选择券商的一个重要参考因素。作为费用项目，每个投资者当然都希望佣金越低越好，但是在理性的资本市场里想轻易就拣个最低佣金并且交易速度快、业务全面服务好的券商还真不是件容易的事。

投资者要对一些打着低佣金、超低佣金、最低佣金旗号的券商提高警惕，他们开户后以各种理由偷偷提高佣金的事时有发生。目前券商常规的佣金水平在万分之二点五左右，作为新手对此要做到心里有数。

（3）选择服务好、操作方便的证券公司。

新手炒股难免会碰到一些规则或操作上的问题，券商优秀的软硬件支持及良好通畅的沟通渠道就显得尤为重要。

一般来说，大券商会有更多的资源和资金用到保障客户交易稳定快速的系统维护（比如光缆卫星双向行情报单）、提供及时通畅的客服服务（比如总客服、营业部客服、客户经理电话渠道、在线客服等）、丰富的交易软件和良好的客户体验（比如大智慧、同花顺、钱龙、易阳指等多种风格软件）上。不要小看了这些貌似与交易无关的投资环境因素，要知道但凡遭遇堵单、漏单、系统故障或是突发的其他问题，那真金白银哗哗的，你只有看着的份儿。

（4）选择业务全面、渠道丰富的券商。

股票、基金投资只是投资理财的一个基本的方向，随着投资者资金实力、投资经验的积累丰富，必然要尝试更丰富的理财投资渠道，比如股指期货、融资融券、专项理财、港股等。但不是所有的证券公司都有资格开展这些业务，所以选择一家可开展创新类业务的券商也是很有必要的。

很多小券商资本实力有限，监管层层面出于控制风险保护投资者的角度是不给签发许可的。到时候虽然可以再转户，但也是件麻烦事。

（5）选择于己方便的券商。

现在股票买卖基本都是网上交易，证券公司的营业厅也在顺应趋势逐步改革舍弃现场大厅，投资者只需要在必要的时候去一次营业部，因此要了解一下离自己较近的证券公司营业部。但也要考虑除网上交易外是否有网上咨询服务、股票手机交易软件等服务。

◎ 新手开户的常见问题

开户是一整套流程，目前在手机端和电脑端就可以实现。当然，投资者也可以通过其他途径开通股票交易账户。例如营业部开户、预约开户、券商电话预约开户等。

准备好本人身份证、银行卡、手机，通过股票交易软件或券商官网即可开通股票交易账户。全天24小时可免费开户。一般的网上自助开户流程为：开通用于购买股票、基金、理财产品的账户，再绑定银行第三方存管账户，即可进行正常交易，如图1-2所示。

图 1-2 股票账户开户基本流程

投资者在具体的自助开户过程中，如果碰到一些疑问，可以直接咨询券商的在线客服。一般地，各大券商的官网上都会对开户过程及其对应的各类常见问题进行详细的介绍，投资者可以在开户前先了解一下。

关于开户，常见的问题有以下8个。

（1）开户年龄有限制吗？

答：必须年满18周岁，以身份证上出生日期为准（如果16周岁至18周岁的未成年人可以提供收入证明，也可以到营业厅办理开户）。

（2）开户时间与费用有什么要求？

答：目前，投资者可以通过股票交易App或券商官网7×24小时免费开户。如果是在交易日00：00—16：00成功提交开启申请，则开户结果在当日的9：00—16：00反馈；如果是在非交易日16：00—24：00成功提交开户申请，则开户结果会在下个交易日9：00—16：00反馈。

（3）开户需要哪些资料？

答：本人二代身份证加一张普通银行卡（券商支持的）即可。

（4）银行卡需要开通网银吗？

答：不需要开通网银，普通的银行卡就可以。开通了网银也没关系，银证转账跟网银是不相同的。

（5）开户需要存入多少钱？

答：开户可以不用存钱进去，开个空户不存一分钱进去也可以，这个没有任何限制。但是建议你最好要存点儿钱在你的银行卡里面，开户之后通过银证转账把钱转入到股票资金账户里面去，然后再转出来，熟悉一下银证转账操作流程。

（6）多少钱可以买股票？

答：交易所规定买股票最少买一手或者一手的整数倍，一手等于100股。比如农业银行，价格8.35元一股（2021年8月30日），100股需要835元，所以几百块钱就可以买股票了。门槛是很低的，但是几百块钱炒股票意义不大，基本赚不到钱，只适合用来熟悉股票交易。如果你是学生，想炒股的话，可以这样试一下。

（7）开了户不用有没有影响？会不会扣年费？

答：开户了不用没有任何影响，没有资金，不操作的话三年之后就自动休眠了。只要你不交易买股票，就不会有任何费用。没有年费这一说，不扣年费；相反，很多银行卡绑定了第三方存管以后连年费都免了，但也不是所有的银行都免年费的。

（8）股票交易要去银行或者券商营业部吗？

答：不需要去。自己在家里的电脑上就可以买卖股票了，也可以通过手机炒股软件买卖股票。网上直接可以交易，随时随地，在任何能上网的地方都行。

3. 新手必知的四个投资理念

◎ 急着赚钱是最大的心魔

"急于赚钱"是一种希望在尽可能短的时间内积聚起巨额财富的心理状态，这也是所有与投资相关的心理障碍中最常见、最具有危害性的一种。而新手最容易犯这个毛病。

在这个心理障碍中，核心是"急"，一种焦躁、不安、虚浮、贪心炽盛的心理。不管是谁，不管他的心理动机有多么高尚，不管他以前的名声有多么响亮，也不管他的实力有多么强大，只要心中"急"起来，必然招来其他各种各样的祸患和失败。

许多新手之所以会出现"急于赚钱"这种心理状态，一般逃不脱以下几个原因。

（1）对事物的认识有偏差。

"赚钱"作为一种结果，必然需要一段时间，这段时间固然受到投资者自己的作用和影响，但这种影响是极为有限的。除了自己之外，还有世界上其他无数种因素在对它产生作用，甚至是决定性的作用。

当投资者一旦开始炒股实战，作出买入或卖出的决策，赚钱与否，实际上根本不取决于自己，而是取决于所有投资者买入或卖出所形成的一种合力。对这股合力的运行状态，唯一能确定的就是其"测不准定律"，妄图在短时间内就赚钱，从根本上就已经违反了市场的基本规律，结局可想而知。

（2）投资市场的特性使人盲目。

投资市场，特别是股票、期货市场，大家约定俗成地认为它们具有"高风险、高收益"的特性。受这种看法的影响，许多人一旦开始进入投资市场，就给自己设定了不切实际的高目标，妄图在极短的时间内赚大钱。

（3）贪心作祟。

这是最根本的原因，如果没有强烈的贪婪之心，上面的两个原因也是无法产生作用的。

在这些原因的驱使下，一旦投资者手中有了一定的资本，又有了一些他认定的所谓的投资机会时，他就会急着在短期内赚大钱。

因为急于赚钱，在面对市场走势时，往往会心存偏见，只看到与自己想法中相应的一面，对其他情况则视而不见，陷入主观主义的陷阱中，进而得出错误的结论，作出错误的决策。

因为急于赚钱，心中充满了急躁，往往忽视机会中潜藏的巨大风险。当这些风险在未来变成现实时，已经是后悔莫及。

因为急于赚钱，投资者在执行投资策略时，往往不顾现实，过于激进，在一开始就投入大部分甚至是全部的资金，一旦市场突变，将立马被套。

……

这正是一念"急"心起，百万障门开。

而你要做的，就是树立"持久战"的思想：别再想着一夜暴富了，每天进步一点点，只要你能够不断地超越自己，持续地积累，你就能慢慢地提升自己的投资绩效。

拥有了打持久战的思想，你才能更好地对待转变。按部就班地做出改变才是成功之道。

◎ 知识永远不可能准备充分

许多新手面对股市，面对那些滔滔不绝的老股民、专家、教授、机构投资者，总觉得害怕，老是感到不自信。

那些令人害怕的都是些什么人呢？有知识的人！

于是许多人也学这些人的做派，拼命地学知识，妄图以此获得自信，以此获得炒股的成功。其实这是完全没有必要的，因为知识永远不可能准备得充分。

傅海棠，农民出身，曾养过六年猪，种过棉花、大蒜等。2000年开始做期货，曾从5万元起步赚到1.2亿元，是国内期货界的传奇人物。他没有高深的知识，也基本不看复杂的分析报告和技术图表，不做技术分析，只是用他所谓的"天道"思想去理解分析市场、指导操作方向和节奏，他的投资思想如此的纯粹、朴素，许多人称他为"农民哲学家"。

傅海棠这个农民是怎么分析市场的呢？

当有人问他农民的身份对投资有没有影响时，他斩钉截铁地说："有影响。我种过地，期货上的很多品种都生产过，大豆、玉米、小麦、棉花、大蒜等。对这些品种的特性和特点我很了解，生产的成本、各个品种的价格、下一年要种的面积以及影响，我都十分了解。我能知道大多数农民是怎么想的，相对于价格有多大的偏差之后，多长时间周期对方向性的影响我很清楚。这些对我的交易手法有很大的影响，比如做长线，我就能拿住单子，知道这一波大行情根据涨势条件的变化，大概价格能到什么地方。多次对大行情的看法，虽然不能说一个点位都不差，基本上还是比较准确的。例如2003年的大豆，2007年的大豆，包括棉花、大蒜，它们还没涨之前，价位大概能到哪儿，和我之前的看法基本上相差不大。根据我之前预测的度，然后与其他相关品种的对照，就能知道上涨过程中会回调多少，这是能拿住单子的主要原因。"

在投资中，傅海棠认为关键是要弄懂交易的本质，彻底弄懂自己，这就是他的农民式逻辑，虽然简单却极为有效。

然而在现实中，那些所谓的专家、学者、分析师……这些拥有太多交易的知识的人，他们的操作绩效怎么样呢？股票市场有"七亏二平一赚"的说法，期货市场更是号称"95％的投资者都要亏钱"，这些人就包含了那些拥有很多知识的人。

说到底，知识是否有用，还看人对它的运用。作为新手，想要炒股赚钱，不学点儿炒股知识是不行的，但只要彻底弄通一本经典教材就够了，甚至只要彻底弄通股市的逻辑就行了，没有必要学习太多的专业知识，也没有必要害怕那些专家。

记住：知识永远不可能准备充分，但路就在脚下。

◎ 掌握一种适合自己的交易工具

前文我们说，知识永远不可能准备充分，但必须彻底弄通股市的逻辑。而这个股市逻辑，最直接的表现就是一种适合自己的炒股工具。

这个工具必须具有以下几个关键特征。

（1）渗透着自己对市场本质的理解。

每一种合手的交易工具实际上都已经被投资者注入了自己对市场本质、交易本质的理解。如果没有这种注入，交易工具对投资者来说，只不过是路边冷冰冰的一根木棍，随手将它拿来使用，胜算并不会很高。如果有了投资者灵性的注入，随着时间的累积，这种交易工具将逐渐成为投资者的一种必不可少的"随身法器"。但这个特征需要投资者实战经验的积累。

（2）其用法要被人熟练掌握。

投资者学习某种交易工具，最终一定要对其用法非常熟练。但许多人对炒股知识的学习，包括对本书的学习，由于没有老师的逼迫，没有中学时考试的逼迫，都是一种模模糊糊、松松垮垮的学习，对知识点只是点到为止，看了一遍就以为自己已经掌握了，实际上离掌握还差得远呢。

对知识的学习，你若能用中学时代的态度、标准来要求自己，什么知识你都可以熟练掌握。

（3）对其盲点要有清晰的认识。

掌握了一种交易工具之后，投资者在之后的实战中要不断地观察，总结该工具的盲点，以后适时地规避它们。例如，KDJ指标、BOLL线指标不适合在大牛市中使用，你若不了解这一点，在2007年用它来指导自己的操作，就会踏空走势。

实际上，掌握一种适合自己的交易工具是炒股的基本功。在本书后面的章节中，许多案例分析都会用到交易工具。

◎ 绝不能拿亏不起的钱去炒股

不能拿亏不起的钱去炒股。

许多人都明白这个道理，但他们还是鬼差神使地非要拿自己的养老钱、看病钱、上学钱去炒股，妄图在短时间内大赚一笔然后退出，过逍遥自在的日子。

这种想法固然美妙，但它会给人带来巨大的心理压力。股价的些许波动都会在投资者心中产生巨大的影响，使其无法保持炒股所必须具有的那种冷静和观察力。许多人将因此而陷入情绪化交易的陷阱中，不断亏钱。

有一段时间，大学校园里流行一股炒股甚至是炒期货的潮流，引起了社会各界的关注。由于大学生还在校学习，没有独立收入，只能通过向家里借钱、信用卡套现甚至挪用生活费、学费等方式来筹集资金，导致他们的操作也跟着扭曲起来。

重庆沙坪坝区某高校学生小何，在开学前几天，看到自己的中学同学靠炒股在3个月内赚了4万元，眼热不已。小何认为，自己就是学金融的，所学专业是自己的优势之一，应该比同学做得更好。于是，在对股票一知半解的情况下，将一学年的学费加上大部分生活费总计近1.2万元投进了股市，并向校方提交了缓交学费申请。

10月初，小何购买的股票下跌，变成了8000元。他不甘心，抛掉后又重新选股，但运气不佳的小何眼看着别人的股票一路上扬，自己的却只跌不升。换了几次股后，5个月的时间他投入的1万多元基本亏光。上学期的期末考试，小何有两科不及格。

不久后，学校的催款通知寄到了小何家里，父母这才知道儿子用学费去炒股。小何家里经济条件并不宽裕，父亲务农，在一家缝纫厂上班的母亲不得不找了一份晚上在酒吧做清洁的工作，为儿子重新筹集学费。

母亲许女士说，没想到儿子不跟他们商量就把学费拿去炒股。而小何说，本想赚了钱给父母一个惊喜，没料到却是现在这种局面。

小何的第一笔投资失败很正常，在他人生的长河中这是极其宝贵的一笔财富。他失败的原因很多，其中资金来源不当肯定是一个重要的因素。因为这些钱都来自学费，他亏不起。

老路是一个有着近三十年党龄的老党员。2003年工厂破产重组转制时下岗了，拿到了2万元的补偿金。由于个性原因，老路跟工厂领导关系一向不太好，福利分房时也没排上号没分到房，所以这2万元的保命钱他一直存在银行里不敢动。下岗后他也没有麻烦政府，很快转换就业观念在市场门口摆了个地摊。这也算是自主创业吧，风吹日晒几年下来，居然又在银行多存了2万元。

2007年，股市热火朝天，隔壁修单车的老黄也跟着别人炒股，居然短短半年内翻了一番净赚了1万多元，后来干脆单车也懒得修了，做起了专业股民。"这太不像话了，老黄都比我能赶上潮流了。"老路在心里说。于是他在2007年6月拿了2万元入市了。跟很多人一样，胡乱倒腾几下，居然也让他轻松赚了几千元。于是，他把银行剩下的2万元也转进了股市，地摊自然也不再去摆了，跟老黄一样专心炒起股来。

说也奇怪，专心炒股成绩反而大不如前了。老路进进出出，上上下下，不但没赚到更多的钱，到年底还把以前赚的几千块钱又吐出去了。再加上股指也开始掉头一路向下，老路心惊胆战之下就先退出来，准备学习总结下别人的经验再说。

老路不学不知道，一学吓一跳，报纸杂志网站上的各路股神都说，像老路这种三两天换一个股的操作手法是典型的投机做法，要想在变幻莫测的股市中掘金，必须要坚持价值投资和长线投资。管理层方面也不谋而合地在各类场合制造这种舆论导向，引导人民群众正确投资以增加财产性收入分享改革发展成果。老路看完后茅塞顿开，豁然开朗，马上选中了一个某券商研究部推荐的质优蓝筹大牛股广船国际（600685）（2015年5月名称变更为"中船防务"）重新入市，在2008年1月10日以87元每股的价格买入了4手。此时他的账户总资产为4.1万余元，除了4手广船国际还有现金6000多元。

不想此后广船国际连跌8天跌到了60元，跌得老路的眼睛都跟着每天的大阴线变绿了，身上直冒冷汗。虽然如此，他还是坚守着价值投资和长线投资理念，不但不斩仓割肉逃跑，还在60元时用尽最后一点钱补了一手进去。之后跟着连续小升了两天，他心里正想欢呼"坚持就是胜利"的时候，股价又连跌几天。如此小进一步，大退三步，反反复复，老路都懒得看盘了，重操旧业又摆起了地摊。

为什么重操旧业呢？主要还是面临了吃饭生存问题，此前他在股市里游手好闲半年身无分文，儿子大学毕业半年也还没找到工作，就靠老伴做做临时工艰难度日。只有在深夜里他才会偶尔偷偷登录账户看看，一次比一次看得触目惊心，手足无措。终于在跌破了30元的时候老路的心理接近崩溃边缘了，在4月22日以29.8元每股的价格挥泪斩仓割肉离场了。此时账户上已不足15000元，卖出后，他趴在键盘上浑身发抖，不知怎么向老伴交代。

但股票卖出后的第二天却莫名其妙地大涨了，4月24日财政部宣布印花税单向收费，更是两市股票全线涨停。老路悲愤欲绝，气得直跳脚，连夜查看股票资料，25号一早以12元每股的价格买入了12手的南方航空（600029）。可惜南方航空跌起来也是毫无商量余地，死守了两个月后老路又在6月23日以6.5元每股的价格清仓走人了。此时账户上已只剩下8000多元。

休整了半个月后，奥运开幕在即，管理层更是全方位不厌其烦地大喊维稳，股指暴跌到2800点左右暂停向下俯冲，好像又让人看到了一点儿希望。

于是老路又再次入市了，不过这次他抛弃了此前让他血本无归的所谓质优蓝筹股，选了个质优小盘股华星化工（002018），在7月10日以31元每股的价格买入了2手（钱已不够买3手了）。但小盘股跌起来可一点儿也不落后于大盘股，捂了3个多月的华星化工在10月31日跌破8元大关了，老路一怒之下马上在下一交易日11月3日一开市就咬牙切齿地以7.9元每股的价格卖掉了。此时账户上已只剩下3000多元了。

接下来的情况熟悉市场的人都知道了，就在当月，国务院宣布了4万亿的刺激经济计划，股市总算爱死不活地反弹了一下。观望了一个多星期后，老路又在11月18日以5.5元每股的价格买入了6手所谓超跌低价金马集团（000602）（已于2013年退市），账户里现金一毛不剩了。

当然，这个时候他也不再抱着翻本或什么价值投资长线投资理念了，只是抱着破罐子破摔的念头看看还能跌多少。不过还是跌，到11月28日收市，金马集团为每股4.65元，老路又习惯性地把它给卖了。最终账户只剩下2790元。

老路欲哭无泪，算了一下，这一年，对比年初总资产，他亏损额度达到93.2%。

老路为什么亏得这么惨？应该说他犯了炒股的许多大忌，但钱亏不起肯定是一个重要原因。一个毫无保障靠摆小摊生活的老人，还要供养一个大学生，却把自己所有的钱都拿出来投机，这笔钱无论如何他亏不起。

可能正因为亏不起，所以他真的把这笔钱给差不多亏光了。

第二章
大智慧炒股软件的使用方法

1.大智慧炒股软件的安装与使用

◎ 软件的获取与安装

网络时代，人们炒股离不开炒股软件的辅助。市场上最常见的炒股软件有大智慧和同花顺等。

大智慧证券信息平台是一套用来接收证券行情和证券信息，进行基本分析和技术分析的超级证券信息平台，该软件把行情和资讯完美结合，提供了众多深入市场而又简单有效的分析功能。

下面以大智慧炒股软件为例，对炒股软件的使用做一简单说明。

大智慧软件的获取可以到官网（https://www.gw.com.cn/）上下载。

在该页面上有免费版、策略投资终端等不同版本，普通投资者只要下载免费版就可以了。

大智慧的安装步骤如下。

步骤1：用户下载后直接双击运行所下载的程序，安装程序将自动运行。此时出现安装界面，用户点击"下一步"按钮。如图2-1所示。

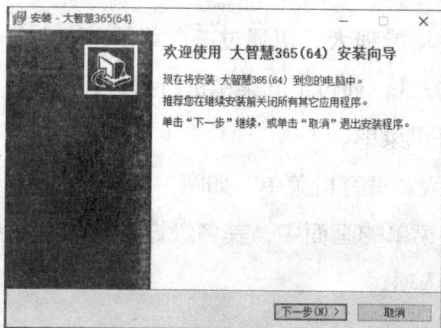

图 2-1 安装界面

步骤2：单击"浏览"选择安装路径，然后点击"下一步"。

步骤3：输入开始菜单文件夹快捷方式名称（默认：大智慧365），然后点击"下一步"。

步骤4：再次确认安装路径及快捷方式名称无误后，点击"安装"。

步骤5：安装完成后，点击"完成"结束安装。

成功安装后，可以在桌面上或开始菜单中找到大智慧的启动快捷键。

初次登录大智慧炒股软件，需要用户注册登录账号，此外，用户也可以通过其他方式（QQ、微信）登录该软件，如图2-2所示。

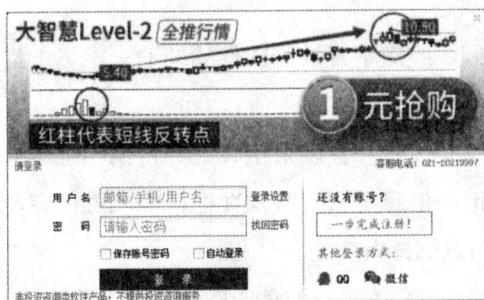

图2-2 登录账户界面

值得注意的是，大智慧免费版的广告无所不在，而且几乎持续不断。对这些广告，普通投资者直接无视即可，没有必要花几万块钱去买所谓的策略软件。

◎ 软件的基本功能

大智慧炒股软件功能强大，可通过三大菜单，进入各个功能操作。用户可选择自己习惯的操作方式，通过不同菜单进行操作。

菜单1：大智慧开机菜单。

启动系统，进入大智慧开机菜单，如图2-3所示。开机菜单清楚地显示了系统各项功能。在任一菜单的画面中，其各级选项均表示本级菜单所能实现的功能或所包括的所有可选项。

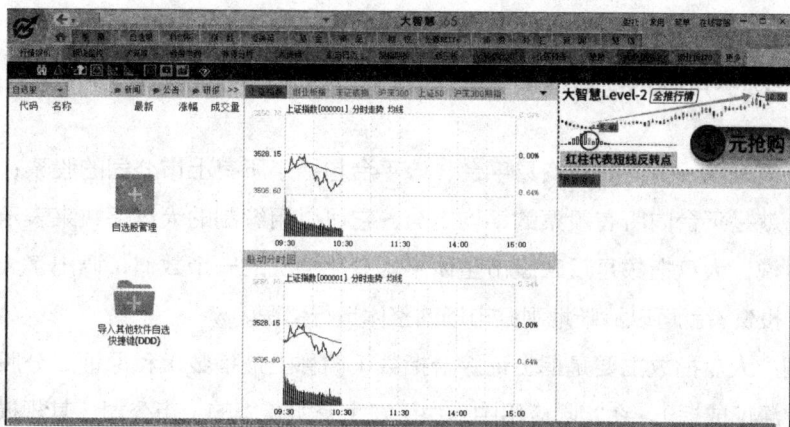

图2-3 大智慧软件开机菜单页面

操作时用↑、↓选择菜单中的某项功能，确定菜单选项后，按Enter键确认并执行所指定选项的操作，按Esc键回到上一级菜单。

菜单2：大智慧顶部菜单。

大智慧顶部菜单有以下几个重要的菜单。

①首页：可以让投资者方便地回到开机菜单。

②股票：包括行情报价、板块监测、次新股、新股申购、涨停分析、龙虎榜等多个子菜单。当投资者要选择某板块股票时，就可以从这里入手。

③自选股：包括自选股公告、自选股新闻等子菜单。

④科创板：包括行情、新闻、科创IPO等子菜单。

⑤指数：包括常用指数、全球指数、上证系列、深证系列等子菜单。

⑥港美英：沪港通、沪深通等子菜单。

⑦基金：将两市上市交易的封闭式基金全部囊括。

⑧外汇：包括人民币系列、人民币中间价、主要外汇等子菜单。投资者可以从中方便地获取当前外汇市场、贵金属市场的信息。

⑨新闻：包括最新资讯、股票新闻等子菜单。

菜单3：左边隐藏菜单。

软件最左侧（股票菜单页面），有六个菜单，分别为行情、主题地域、财务、统计、指标、监控。

◎ 用大智慧软件看大盘

所谓大盘，是指股票交易平台，该平台包括了所有上市公司的股票；大盘走势，就是平台内所有股票的平均走势，它可以用编制的大盘指数来表示。因此可以说，大盘指数是反映股市整体平均变化情况的一个数值，调出了大盘走势图，投资者就可以清晰地观察市场的整体运行情况。

国内大盘指数主要是指上证综合指数（简称上证指数）和深证成分股指数（简称深证成指）。在实际应用中，由于在上交所挂牌的上市公司，其规模往往更大，行业主导地位更加突出，股本规模及资产规模也更大，投资者常将上证指数当作大盘指数。

上证指数的代码为000001，投资者在大智慧软件中的搜索框中输入代码后点回车键，就能调出大盘走势图。除此之外，投资者还可以输入指数名称的首字母进入相应的走势图。例如，投资者在大智慧软件的搜索框中输入"szzs"并按回车键就能调出上证指数的走势图；输入"szcz"并按回车键就能调出深证成指的走势图。

大盘指数走势图，在看盘时常用的有两种：日K线走势图和分时走势图。

大盘日K线图主要反映大盘在一段时间内的历史走势，它由多根K线组成，每一根K线都代表一个交易日的价格变动情况，将多根K线以时间为横轴、以指数大小为纵轴，依次排列起来，就可以清晰地显示出指数的历史变动情况。在键盘上通过小键盘区的上下方向键，投资者还可以放大或缩小其显示的时间范围。图2-4所示为上证指数从2021年1月底到2021年8月底的日K线走势图。

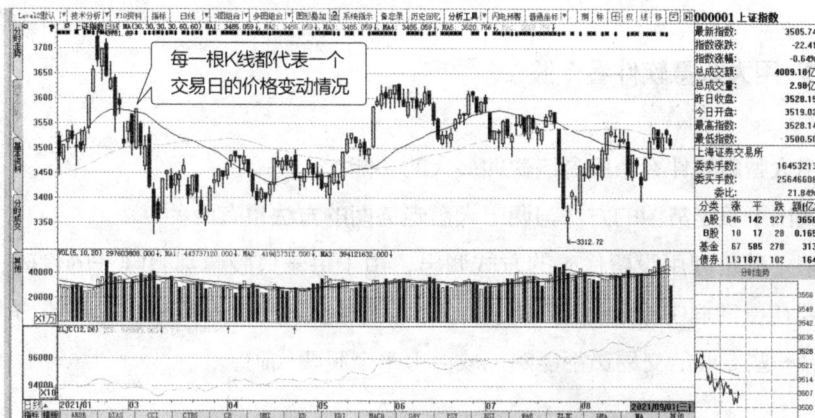

每一根K线都代表一个
交易日的价格变动情况

图 2-4 上证指数日 K 线图

另一种常用的大盘走势图是大盘的分时走势图，它以分钟为时间单位，反映每个交易日交易时段内（上午9∶30—11∶30，下午13∶00—15∶00）大盘指数的实时变动情况。图2-5所示为上证指数2021年8月31日的部分分时走势图。从中可以看到两条分时线，其中上下变动频繁的是上证指数的分时线，另一条变动缓慢的是上证指数分时平均线，分时线围绕着分时均线上下波动。在分时图的右侧，投资者还可以看到历史成交情况。

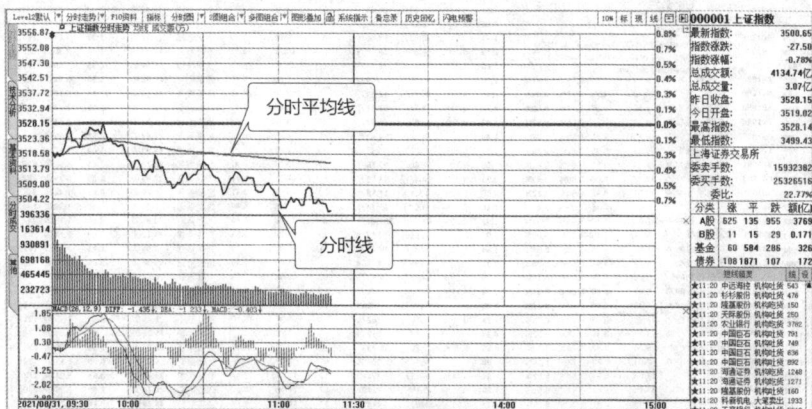

分时平均线

分时线

图 2-5 上证指数 2021 年 8 月 31 日部分分时走势图

◎ 用大智慧软件看个股

用大智慧软件看个股是该软件最大的功能。

调出个股走势图的方法与调出大盘走势图的方法也有两种。

第一种是利用股票代码的方式调出，由于每一只股票都有唯一的代码，因此只要在搜索框中输入相应的代码，就可以直接调出其走势图，这是最方便的一种。一些专业的交易员都能熟记成百上千个股票代码。

俗话说"成败在乎细节"，不要小看熟记、背诵股票代码这种小事。试想一下，在一个交易室中，通过其他方式调出个股的人，与直接输入代码调出个股的人相比，谁会更有自信呢？

第二种是利用股票名称的首字母的方式调出。例如，想要调出中国银行，直接输入"zgyh"，此时出现中国银河、中国银行上证A股、中国银行港通股（香港上市）等多个选择项，直接选择"中国银行上证A股"即可，如图2-6所示。

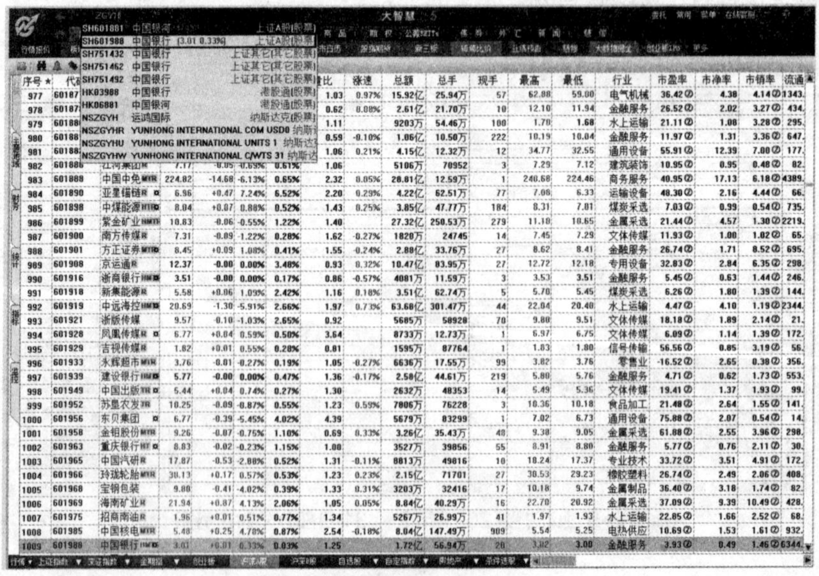

图2-6 通过股票名称首字母调出个股

个股走势图也分为日K线图和分时走势图，如图2-7和图2-8所示。

图2-7 中国银行日K线图

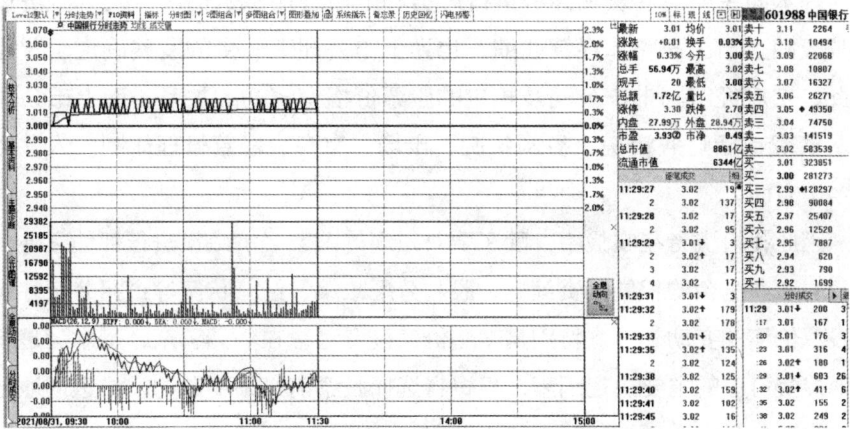

图2-8 中国银行2021年8月31日部分分时走势图

2. 不可或缺的F10

◎ 股票基本面分析

初学炒股，投资者必须了解基本面信息，因为基本面与股价的变动密切相关。想要抛开这一点，一般人是做不到的。

基本面主要包括宏观经济运行态势和上市公司基本情况。宏观经济运行态势反映上市公司整体经营业绩，也为上市公司下一步的发展确定了背景，因此，宏观经济与上市公司及相应的股票价格有密切的关系。而上市公司的基本情况包括财务状况、盈利状况、市场占有率、经营管理体制、人才构成等各个方面。

因此，投资者在实战中，除了要对宏观的国家经济政策进行评估之外，还需要对企业出台的相关融资策略、股利分配政策、经营状况等进行分析才能得出股票价格的变动趋势。特别是某些价值投资者，在他们看来，基本面是股票长期投资价值的主要决定因素，投资者选择股票前必须要做的就是透彻地分析企业的基本面。

投资者分析基本面可以从以下几个关键点切入。

（1）宏观经济状况。

从长期和根本上看，股票市场的走势和变化是由一国经济发展水平和经济景气状况所决定的，股票市场价格波动也在很大程度上反映了宏观经济状况的变化。

从国外证券市场历史走势不难发现，股票市场的变动趋势大体上与经济波动周期吻合。即：在经济繁荣时期，企业经营状况好，盈利多，股票价格上涨；在经济不景气时，企业收入减少，利润下降，股票价格不断下跌。但是股票市场的走势与经济周期在时间上并不是完全一致的，通常，股票市场的变化要有一定的超前性，因此股市价格被称作宏观经济的晴雨表。

经济周期是由经济运行内在矛盾引发的经济波动，是一种不以人们意志为转移的客观规律。股市直接受经济状况的影响，必然也会呈现一种周期性的波动。当经济开始下行时，股市行情必然疲软下跌；当经济开始复苏繁荣时，股价也会上升或呈现坚挺的上涨走势。

（2）利率水平。

在影响股票市场走势的诸多因素中，利率是一个比较敏感的因素。一般来说，国家收紧银根，市场资金紧缺，利率上调，可能会将一部分资金吸引到银行储蓄系统，从而减少了股票市场的资金量，对股价会造成一定的消极影响。同时，由于利率上升，企业经营成本增加，利润减少，也相应地会使股票价格有所下跌。反之，利率降低，人们出于保值增值的内在需要，可能会将更多的资金投向股市，从而刺激股票价格的上涨。同时，由于利率降低，企业经营成本降低，利润增加，也相应地促使股票价格上涨。金融环境放松，市场资金充足，利率下降，存款准备金率下调，很多游资会从银行转向股市，股价也往往会出现升势。

（3）政治因素。

政治因素是指对股票市场发生直接或间接影响的政治方面的原因，例如国际的政治形势、政治事件、国家之间的关系、重要的政治领导人的变换、国家间发生战事、某些国家发生劳资纠纷甚至罢工风潮等，这些都会对股价产生巨大的、突发性的影响。这也是基本面中应该考虑的一个重要方面。

（4）企业因素。

股票自身价值是决定股价最基本的因素，而这主要取决于发行公司的经营业绩、资信水平以及连带而来的股息红利派发状况、发展前景、股票预期收益水平等。对具体的个股而言，影响其价位高低的主要因素在于企业本身的内在素质，包括财务状况、经营情况、管理水平、技术能力、市场大小、行业特点、发展潜力等一系列因素。

（5）行业因素。

上市公司所在行业在国民经济中的地位变更，行业的发展前景和发展潜力，新兴行业引来的冲击，以及上市公司在行业中所处的位置、经营业绩、经营状况、资金组合的改变及领导层人事变动等，都会影响相关股票的价格。

（6）市场因素。

投资者的动向、大户的意向和操纵、公司间的合作或相互持股、信用交易和期货交易的增减、投机者的套利行为、公司的增资方式和增资额度等，均可能对股价形成较大影响。

（7）心理因素。

投资人在受到各个方面的影响后产生心理状态改变，往往导致情绪剧烈波动，做出盲目追随大户、狂抛抢购的行为，这也是引起股价狂跌暴涨的一个因素。

◎ 通过F10了解企业基本情况

在大智慧软件中切入企业基本面信息页面，有两种方法。

方法1：选中某一只股票，按F10键。

方法2：点击个股分析页面左侧的"基本资料"标签。之后，软件将切入企业基本面信息页面。如图2-9所示。

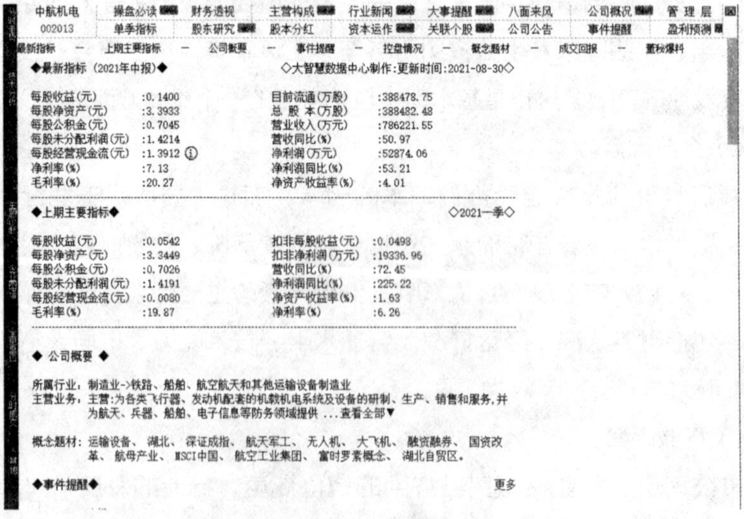

图2-9 企业的基本信息

切入企业基本面信息页面后，大智慧软件为投资者提供了以下几种企业基本面的关键信息。

（1）操盘必读。

操盘必读是大智慧软件的默认页面，它几乎将F10的企业全部基本信息内容浓缩，形成一个"浓缩版F10"。投资者从中可以得出该股票最近的最新指标、公司概要、控盘情况、概念题材和成交回报等信息。

（2）财务透视。

财务透视是F10的重要看点，是一些专业的价值投资者十分关注的信息。投资经验表明：对上市公司的财务报表进行综合分析，全面研究上市公司的基本面，对于选准股票，取得良好的投资收益是非常重要的。

财务透视主要包括最近几期的主要财务指标、利润表、资产负债表以及现金流量表等。这些财务数字基本显示了上市公司的重要经营信息。

（3）主营构成。

主营构成揭示的是上市公司主营业务收入的构成和变动情况。该数据可以作为财务透视的辅助报告，将它与利润表一起观察、分析，往往能够挖掘出企业的一些关键信息。

（4）行业新闻、大事提醒、八面来风。

这三者都是一些与公司相关的新闻事件。

行业新闻是各大媒体所报道的上市公司所在行业近期所发生的深具影响力的事件，通过对这些事件的分析，投资者可以对公司未来发展前景有更清晰的了解。

大事提醒是公司在证券市场的一些重要事项提醒，如机构持仓统计、大宗交易情况、违法违规事件等。这些事项有助于投资者追踪主力的动向，热衷于跟庄的投资者一般比较热衷这类消息。

八面来风是各大媒体所报道的与公司直接相关的重要消息，这些消息往往对短期市场波动产生重要影响，短线投资者要留意。

（5）公司概况、管理层。

公司概况是上市公司的基本信息，包括名称、注册地、主营范围、公司简史、参控公司等。投资者想要对一个上市公司有一个基本了解，公司概况是不可或缺的一个消息来源。

管理层，特别是上市公司的实际控制人，是一个公司的灵魂，是公司能够持续稳定盈利的根本来源。因此，对管理层的了解是价值投资者十分看重的一点。通过对公开披露的管理层信息的挖掘，投资者往往能够获得一些奇特的灵感。

（6）股本分红、资本运作。

这两项都是公司的资本活动，也是许多价值投资者非常看重的公司信息。特别是公司的股本分红政策，是许多人评估公司是否具有"良心"以及公司盈利能力的重要看点，投资者要留意。

除了这些之外，F10中还有其他一些信息，如股东研究、公司公告、事件提醒、盈利预测等，投资者可以在实战中加以运用、总结。

3. 大智慧看盘常见的十个知识要点

◎ "N、XD、XR、DR"的市场含义

在炒股软件中，投资者常见某些股票前标注有"N、XR、XD、DR"等标记。它们各自有什么特别的市场含义呢？

①凡股票名称前加注"N"的均为当日上市的新股。一般深沪两市每逢新股上市首日，都要在该新股的中文名称前加注"N"以提醒投资者。这类股票新上市，二级市场的操作共识还没有形成，大家都吃不准，所以操作难度较大，新手最好不要参与。勉强参与，往往不是大赚就是大亏。例如，2007年11月5日在A股上市的中国石油（601857），如图2-10所示，许多在上市当天买入的人被套了很长一段时间。

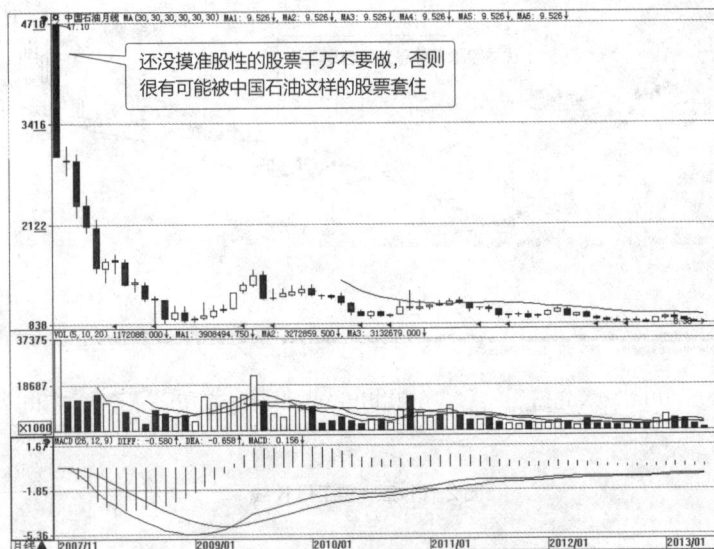

图 2-10 中国石油月 K 线

②当股票名称前加"XD"时，表明当日是这只股票的除息日，XD是英语
Exclud（除去）Dividend（利息）的简写。在除息日当天，股价的基准价比前
一个交易日的收盘价要低，因为从中扣除了利息这一部分的差价。

③当股票名称前出现"XR"的字样时，表明当日是这只股票的除权日。
XR是英语Exclud（除去）Right（权利）的简写。在除权日当天，股价也比前
一交易日的收盘价要低，原因是股数的扩大，股价被摊低了。

④当股票名称前出现"DR"字样时，表示当天是这只股票的除息、除权
日。D是Dividend（利息）的缩写，R是Right（权利）的缩写。有些上市公司
分配时不仅派息而且送转红股或配股，所以出现同时除息又除权的现象。

除权除息日当天，在炒股软件中，股价走势会出现一个明显的缺口，许多
人由于错觉会觉得股价似乎"便宜"了，导致一些股票有可能会回补缺口，形
成一波上涨走势。对一些大家都看好的优质股，这类回补缺口的走势出现的概
率相当大，投资者要注意把握。图2-11是三一重工（600031）在2010年下半
年的一段经典走势。

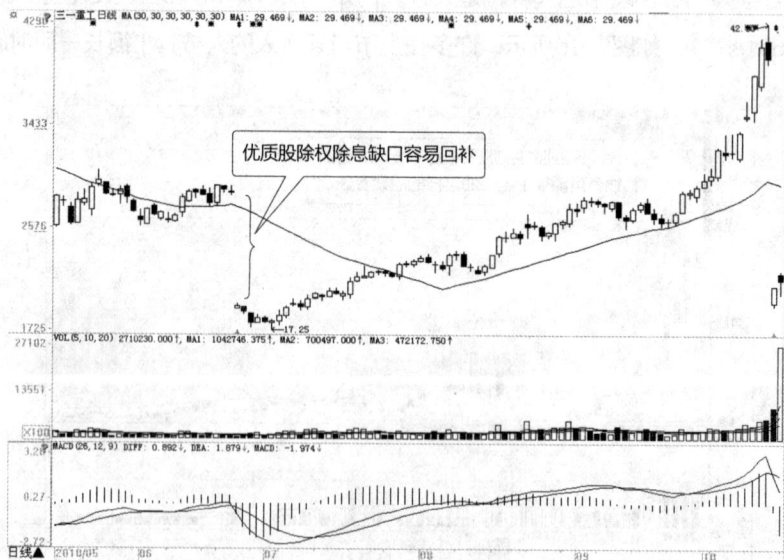

图2-11 三一重工日K线

6月24日是三一重工股票的除权除息日，当天股价形成一个明显的缺口。之后三个多月，该股持续上涨，顺利回补前期缺口，形成一波经典的上涨走势。投资者若能把握这段行情，将获得不菲的利润。

细心的读者会发现，这三个多月的时间里，该股从18元左右一直上涨到42元左右，涨了一倍多。实际上，之所以有如此巨大的涨幅，除了一些人因错觉而回补缺口外，还有另外两个因素。

因素1：该股是经典的优质股。三一重工是我国机械制造行业的排头兵，其财务报表显示出该股良好的发展前景，再加上媒体对梁稳根个人魅力的宣传，该股上涨潜能巨大。

因素2：大盘的配合。几乎与该股除权除息同时发生，大盘也出现了止跌回升的势头，从2010年7月初到11月，上证指数出现一波较大涨势（如图2-12所示）。在这个背景下，作为优质股的三一重工自然涨势惊人。

所以投资者要辩证看待上涨，什么时候都不能机械。

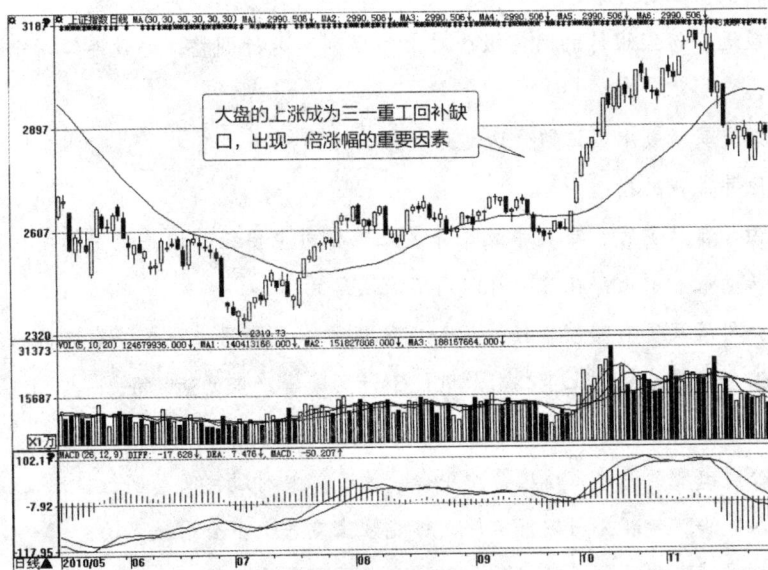

图2-12 三一重工大涨时的大盘走势

◎ ST股与PT股

ST股是指A股上市公司连续两年亏损，被进行特别处理的股票。"特别处理"对应的是英文"Special Treatment"的缩写"ST"，因此这些股票就简称为ST股。该政策针对的对象是出现财务状况或其他状况异常的上市公司。

这里的财务状况异常指：

①审计结果显示连续两个会计年度的净利润为负值；

②最近一个会计年度的审计结果显示其股东权益低于注册资本，即每股净资产低于股票面值；

③注册会计师对最近一个会计年度的财务报告出具无法表示意见或否定意见的审计报告；

④最近一个会计年度经审计的股东权益扣除注册会计师、有关部门不予确认的部分，低于注册资本；

⑤最近一份经审计的财务报告对上年度利润进行调整，导致连续两个会计年度亏损；

⑥经交易所或中国证监会认定为财务状况异常的。

其他异常状况指：

①由于自然灾害、重大事故等导致上市公司主要经营设施遭受损失，公司生产经营活动基本中止，在三个月以内不能恢复的；

②公司涉及负有赔偿责任的诉讼或仲裁案件，按照法院或仲裁机构的法律文书，赔偿金额累计超过上市公司最近经审计的净资产值的50%的；

③公司主要银行账号被冻结，影响上市公司正常经营活动的；

④公司出现其他异常情况，董事会认为有必要对股票交易实行特别处理的；

⑤人民法院受理公司破产案件，可能依法宣告上市公司破产的；

⑥公司董事会无法正常召开会议并形成董事会决议的；

⑦公司的主要债务人被法院宣告进入破产程序，而公司相应债权未能计提足额坏账准备，公司面临重大财务风险的；

⑧中国证监会或交易所认定为状况异常的其他情形。

在股票被ST期间，其股票交易日涨幅限制为5%，跌幅限制为5%，而且公司的中期报告必须经过审计。

股票的名字加上"ST"实际上是管理层给投资者的一个警示：该股票存在较大的投资风险。

比ST风险更大的是*ST股票。它是A股上市公司连续三年亏损，有退市风险的股票。管理层在ST前面加上*，就是为了引起投资者的警惕。

*ST类股票想要摘掉*ST帽子，必须全部符合如下条件：

①年度报告必须盈利；

②最近一个会计年度的股东权益为正值，即每股净资产为正值；

③最新年报表明公司主营业务正常运营，扣除非经常性损益后的净利润为正值，因此不能只看每股收益数据，还要看扣除非经常性损益后的每股收益；

④最近一个会计年度的财务报告没有被会计师事务所出具无法表示意见或否定意见的审计报告；

⑤没有重大会计差错和虚假陈述，未在证监会责令整改期限内；

⑥没有重大事件导致公司生产经营受严重影响的情况、主要银行账号未被冻结、没有被解散或破产等交易所认定的情形。

若想一步到位摘掉*ST帽子，恢复10%的涨跌交易制度，在硬指标上必须是年报的每股收益、扣除非经常性损益后的每股收益以及每股净资产三项指标同时为正值，才有提出摘帽的资格，交易所有权根据各家公司的具体情况来决定是否批准。

一般来说，ST个股具有如下几个特征。

①ST个股的走势具有连续性，要涨连涨，要跌连跌。因此投资者若买入ST股票，要事先设定好心理止损价位，以免被套；

②ST的走势往往与大盘相反，大盘低迷的时候，往往是ST进场的时候；

③ST有鲶鱼效应，要涨通涨，要跌通跌。因此投资者选择没有来得及反应的ST会有意外收获。

PT股是停止任何交易、价格清零、等待退市的股票。PT是英文Particular

Transfer（特别转让）的缩写。依据《中华人民共和国公司法》和《中华人民共和国证券法》规定，上市公司出现连续三年亏损等情况，其股票将暂停上市。沪深交易所从1999年7月9日起，对这类暂停上市的股票实施"特别转让服务"，并在其简称前冠以"PT"，称之为"PT股票"。

PT股的交易价格及竞价方式与正常交易股票有所不同，主要体现在以下几个方面。

①交易时间不同。PT股只在每周五的开市时间内进行，一周只有一个交易日可以进行买卖。

②涨跌幅限制不同。据《上市公司股票特别转让处理规则》规定，PT股只有5%的涨幅限制，没有跌幅限制，与正常交易的股票相比，风险相应增大。

③撮合成交方式不同。正常股票交易是在每个交易日9：15~9：25进行集合竞价，集合竞价未成交的申报则进入9：30以后连续竞价排队成交。而PT股是交易所在周五15：00收市后一次性对当天所有有效申报委托以集合竞价方式进行撮合，产生唯一的成交价格，所有符合条件的委托申报均按此价格成交。

④PT股作为一种特别转让服务，其所交易的股票并不是真正意义上的上市交易股票。因此股票不计入指数计算，转让信息只能在当天收盘行情中看到。

◎ 委比与量比

委比和量比是炒股软件中显示即期多空力量对比的两个简单技术指标。

委比是衡量一段时间内场内买、卖盘强弱的技术指标。它的计算公式为：

委比=（委买手数－委卖手数）÷（委买手数＋委卖手数）×100％

委买手数=现在所有个股委托买入下三档之手数相加之总和

委卖手数=现在所有个股委托卖出上三档之手数相加之总和

从该计算公式可知，委比值变化范围为＋100％至−100％。当委比值为正值并且委比数大，说明市场买盘强劲；当委比值为负值并且负值大，说明市场抛盘较强。委比值从−100％至＋100％，说明买盘逐渐增强，卖盘逐渐减弱；相反，从＋100％至−100％，说明买盘逐渐减弱，卖盘逐渐增强。

量比是衡量相对成交量的指标，它是开市后每分钟的平均成交量与过去5个交易日平均每分钟成交量之比。其计算公式为：

量比＝现成交总手数÷［过去5日平均每分钟成交量×当日累计开市时间（分）］

当量比大于1时，说明当日每分钟的平均成交量要大于过去5日的平均数值，交易比过去5日火爆，如图2-13所示；而当量比小于1时，说明现在的成交比不上过去5日的平均水平。

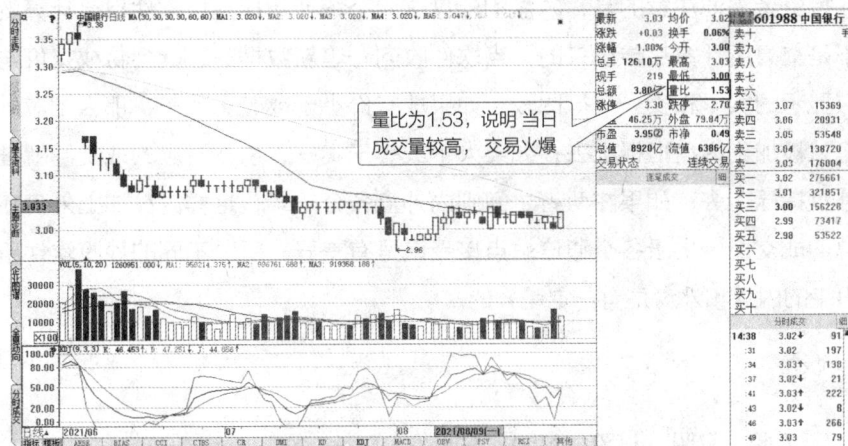

图 2-13 中国银行某日成交情况

在大智慧炒股软件中，只有量比没有委比，但其他很多炒股软件一般两者兼有。投资者在实战中，要注意这一点。

◎ 内盘与外盘

在炒股软件中经常有"外盘""内盘"出现。

内盘是指在成交量中以主动性叫买价格成交的数量，所谓主动性叫买，即在实盘买卖中，卖方主动以低于或等于当前买一的价格挂单卖出股票时成交的数量，显示空方的总体实力。

外盘是指在成交量中以主动性叫卖价格成交的数量，所谓主动性叫卖，即在实盘买卖中，买方主动以高于或等于当前卖一的价格挂单买入股票时成交的数量，显示多方的总体实力。

"外盘"和"内盘"相加为成交量。人们常用"外盘"和"内盘"来分析买卖力量哪方占优势，来判断市势。但有时主力也会利用对冲盘来放烟幕，让散户误判市场形势。

投资者需要注意的是，内盘和外盘这两个统计指标是由软件自己计算的，并不是交易所计算后传出来的。当软件收到一笔新数据时，就会将成交价与上一次显示的买一和卖一进行比较，如果成交价小于或等于买一，那么相应的成交量就被加到内盘指标上去；如果大于或等于卖一，那么对应的成交量就被加到外盘指标上去；如果在两者之间则内外盘各分一半，这样内盘加上外盘就等于总的成交量。由于各个通信站点接受讯号有差异，所以不同的炒股软件所计算出来的内盘和外盘是有一定差异的。

◎ A股、B股、H股、N股、S股

在炒股软件中投资者会发现，有些股票在名称后面会加一个AH或AS的标注。这是因为这些股票不但在A股上市，还在其他交易所上市交易。

我国上市公司的股票有A股、B股、H股、N股和S股等的区分。这一区分主要依据股票的上市地点和所面对的投资者而定。

A股的正式名称是人民币普通股票。它是由我国境内的公司发行，供境内机构、组织或个人以人民币认购和交易的普通股股票，我国A股股票市场经过三十多年快速发展，已经颇具规模。

B股的正式名称是人民币特种股票，它是以人民币标明面值，以外币认购和买卖，在境内（上海、深圳）证券交易所上市交易的。它的投资人限于：外国的自然人、法人和其他组织，香港、澳门、台湾地区的自然人、法人和其他组织，定居在国外的中国公民，境内个人投资者，中国证监会规定的其他投资人。现阶段B股的投资人，主要是上述几类中的机构投资者。

H股，即注册地在内地、上市地在香港的外资股。香港的英文是HongKong，取其字首，在香港上市的外资股就叫作H股。以此类推，纽约的第一个英文字母是N，新加坡的第一个英文字母是S，在纽约和新加坡上市的股票就分别叫作N股和S股。

◎ 短线、中线和长线

初入股市，一旦开始实战，不可能不问一下自己：到底是做短线、中线还是长线呢？

短线通常是指持股周期在一个星期或两个星期以内的交易。持股甚至短到只有一两天。做短线的投资者，一般只想赚取短期差价的收益，通常不会去关心股票基本面的情况。

短线主要依据技术图表来分析。一般的投资者做短线通常都是以两三天为限，一旦没有差价可赚，或股价下跌，就立马平仓，或被动止损，一走了之，再去找其他的股票做短线。短线一般是快进快出，对收益要求不高，短线要有严格的操盘纪律，看错了马上要止损，有收益也设立止赢，戒除贪心。

短线特别适合T+0的交易制度，在美国、日本等T+0市场上甚至出现了日内超短线交易。在我国T+1的交易制度下，股票卖出当天可以再买回来，而当天买进来的股票第二天才能再卖出。这对做短线是有影响的，短线投资者要注意这一点。

短线快进快出、操作灵活，可以回避大盘和个股的系统性风险，回避庄家的震仓折磨。但其缺点也是很明显的。

第一，由于A股是T+1的交易制度，短线买进无法回避当天下跌的风险。

第二，就像没有人能够看准另一个人每天的情绪变化一样，股票短线波动的随机性很大，其上下起伏会受到大盘、个股、政策信息环境的影响，甚至庄家的一个习惯、脾气，都会导致股价短线的波动。从某种程度上说，股价的短线波动就像瓶子里飞舞的一只苍蝇，没有人能猜到它下一刻飞舞的方向。因此，短线每次做对的概率较小。

第三，短线交易从某种程度上说就是频繁交易，而投资者必须交纳印花税和股票交易的手续费。交易次数少还可以忽略这些手续费，但交易的次数多，就是一笔难以承受的成本。实际上，我国的交易制度也正是为了抑制做短线而设立的。

所以，在国内做短线是非常不利的，我们很少见到一个股民能够依靠长期坚持做短线发家的。

中线一般是指持有股票一个月，甚至达到半年左右的交易。做中线的投资者，一般是想赚取中期波段的收益。

由于持股的时间周期比短线长，中线投资者在投资前就要对股票的基本面作一番了解和分析，从而对上市公司一段时间内的表现怀有信心，并选择认为股票价格较合适的时机再买入，一般持有一个月甚至半年左右，以静待股价的上涨，博取中期的收益。一般来说，中线投资要达到20％以上收益，才有持股必要。

中线操作的方法较为简单，但对投资人的心态的要求却最高，操作上只要中期上升趋势不变就一路持有，要防止被中途的回调震出去。只要中期趋势下跌就空仓等待，要防止自己因手痒而情绪化买入。

在中国股市里做中线的优点是很明显的。它在回避下跌风险的同时，能够主动追踪趋势性行情，吃掉主要的上涨波段。如果做得好的话，其收益将会非常惊人。因此，许多专业性的交易者都是做中线的。

中线的缺点是不能回避短线股价的波动。当你看出中线上涨时，市场已经不是底部；当你看出股市已经走坏时，股价已经下跌一段时间了。所以，中线的本质就是吃中段的，不要妄图做中线还能抓底摸顶。

长线是指持股周期在一年以上，甚至10年、20年的交易。投资者做长线，一般是看好某国、某上市公司的发展前景，希望通过时间的积累来分享这种发展带来的硕果。

许多价值投资者都是做长线的。当他们对某只股票的未来发展前景看好时，就不会在乎股价短时间的涨跌和波动，在某只看好股票的股价进入历史相对低位时买入股票，做长期的投资。

长线的优点是操作省事，买好就放着，不必天天操心。只要选的个股处在行业的上升周期里，长线持有的成功率是最高的。只要股票选得好，不比做短线、中线赚得少，甚至能远超短线、中线。

然而，长线的缺点也是最明显的。因为长期持有，不管任何波动，所以有时候无法回避大盘的系统性风险。例如，2008年大盘从约6124点跌到约1664点，国内许多做长线的机构投资者损失惨重。

如果打算做长线，要选成长性好、不会倒闭、不做假账、信誉好、历年分红好的上市公司作为投资对象。但这只是最常见的选股逻辑，一些智慧超群的人，总能根据现实发掘出自己的独特的"选股逻辑"，进而无往不胜，比如，彼得·林奇、王亚伟等。但这种智慧在短期内是学不来的。

◎ 市盈率、市净率

市盈率和市净率是衡量市场估值水平的重要指标，在炒股软件中十分常见。

市盈率又称股份收益比率或本益比，是股票市价与其每股收益的比值，计算公式是：

$$市盈率=当前每股市场价格÷每股收益$$

市盈率是衡量股价高低和企业盈利能力的一个重要指标。由于市盈率把股价和企业盈利能力结合起来，其水平高低更真实地反映了股票价格的高低。例如，股价同为50元的两只股票，其每股收益分别为5元和1元，则其市盈率分别是10倍和50倍，也就是说其当前的实际价格水平相差5倍。若企业盈利能力保持不变，这说明投资者尽管以同样50元价格购买的两种股票，但要分别在10年和50年以后才能从企业盈利中收回本钱。

在现实中，由于企业的盈利能力是会不断改变的，所以，投资者购买股票往往更看重企业的未来盈利能力。因此，一些发展前景被人看好的公司即使当前的市盈率较高，投资者也愿意去购买。预期的利润增长率高的公司，其股票的市盈率也会比较高。例如，对两家上年每股盈利同为1元的公司来讲，如果A公司今后每年保持20％的利润增长率，B公司每年只能保持10％的增长率，那么到第十年时A公司的每股盈利将达到6.2元，B公司只有2.6元，因此A公司当前的市盈率必然应当高于B公司。投资者若以同样价格购买这家公司股票，对A公司的投资能更早地收回。

为了反映不同市场或者不同行业股票的价格水平，也可以计算出每个市场的整体市盈率或者不同行业上市公司的平均市盈率。具体计算方法是用全部上市公司的市价总值除以全部上市公司的平均每股收益，即可得出这些上市公司的平均市盈率。

一般来说，影响一个市场整体市盈率水平的因素很多，但最主要的有两个，即该市场所处地区的经济发展潜力和市场利率水平。一般而言，新兴证券市场中的上市公司普遍有较好的发展潜力，利润增长率比较高，因此，新兴证券市场的整体市盈率水平会比成熟证券市场的市盈率水平高。欧美等发达国家股市的市盈率一般保持在10~15倍，而亚洲一些发展中国家的股市正常情况下的市盈率则在30倍左右。

另外，市盈率的倒数相当于股市投资的预期利润率。因此，由于社会资金追求平均利润率的作用，一国证券市场的合理市盈率水平还与其市场利率水平有倒数关系。例如，同为发达国家的日本股市，由于其国内的市场利率水平长期偏低，其股市的市盈率也一直居高不下，长期处于60倍左右的水平。

市盈率除了作为衡量二级市场中股价水平高低的指标，在股票发行时，也经常被用作估算发行价格的重要指标。根据发行企业的每股盈利水平，参照市场的总体股价水平，确定一个合理的发行市盈率倍数，二者相乘即可得出股票的发行价格。

与市盈率类似，市净率指的是市价与每股净资产之间的比值，比值越低，意味着风险越低。其计算公式为：

$$市净率=股票市价÷每股净资产$$

每股净资产的多少是由股份公司经营状况决定的。公司经营业绩越好，其资产增值速度越快，股票净值就越高，股东所拥有的权益也越多。

一般来说，市净率较低的股票，投资价值较高；而市净率较高的股票，则投资价值较低。但在判断投资价值时还要考虑当时的市场环境以及公司经营情况、盈利能力等因素。

在大智慧软件中可以快速地查找到该股的市盈率情况。

◎ 融资融券

"融资融券"又称"证券信用交易"或保证金交易，是指投资者向具有融资融券业务资格的证券公司提供担保物，借入资金买入证券（融资交易）或借入证券并卖出（融券交易）的行为。它包括券商对投资者的融资、融券和金融机构对券商的融资、融券。

简单地说，融资融券就是投资者可以从券商或银行借钱买入、借证券卖出的交易制度。其本质是一种以小博大的杠杆效应。

融资融券交易，与普通证券交易相比，在许多方面有较大的区别，归纳起来主要有以下几个不同点。

（1）保证金要求不同。

投资者从事普通证券交易须提交100%的保证金，即买入证券须事先存入足额的资金，卖出证券须事先持有足额的证券。而从事融资融券交易则不同，投资者只需交纳一定的保证金，即可进行保证金一定倍数的买卖（买空卖空），在预测证券价格将要上涨而手头没有足够的资金时，可以向证券公司借入资金买入证券，并在高位卖出证券后归还借款；预测证券价格将要下跌而手头没有证券时，则可以向证券公司借入证券卖出，并在低位买入证券归还。

这种做法与期货交易有类似之处。

（2）法律关系不同。

投资者从事普通证券交易时，其与证券公司之间只存在委托买卖的关系；而从事融资融券交易时，其与证券公司之间不仅存在委托买卖的关系，还存在资金或证券的借贷关系，因此还要事先以现金或证券的形式向证券公司交付一定比例的保证金，并将融资买入的证券和融券卖出所得资金交付证券公司一并作为担保物。投资者在偿还借贷的资金、证券及利息、费用时，扣除自己的保证金后有剩余的，即为投资收益（盈利）。

（3）风险承担和交易权利不同。

投资者从事普通证券交易时，风险完全由其自行承担，所以几乎可以买卖所有在证券交易所上市交易的证券品种（少数特殊品种对参与交易的投资者有特别要求的除外）；而从事融资融券交易时，如不能按时、足额偿还资金或证券，还会给证券公司带来风险，所以投资者只能在证券公司确定的融资融券标的证券范围内买卖证券，而证券公司确定的融资融券标的证券均在证券交易所规定的标的证券范围之内，这些证券一般流动性较大、波动性相对较小、不易被操纵。

（4）财务杠杆效应。

与普通证券交易相比，投资者可以通过向证券公司融资融券，扩大交易筹码，具有一定的财务杠杆效应，通过这种财务杠杆效应来获取收益；当然，一旦判断失误，损失也将更大。

（5）交易控制不同。

投资者从事普通证券交易时，可以随意自由买卖证券，可以随意转入转出资金。而从事融资融券交易时，如存在未关闭的交易合约时，需保证融资融券账户内的担保品充裕，达到与券商签订融资融券合同时要求的担保比例，如担保比例过低，券商可以停止投资者融资融券交易及担保品交易，甚至对现有的合约进行部分或全部平仓。另外，投资者需要从融资融券账户上转出资金或者股份时，也必须保证维持担保比例超过300%时，才可提取保证金可用余额中的现金或充抵保证金的证券部分，且提取后维持担保比例不得低于300%。

融资融券实际上就是保证金交易，单就交易层面来说，它与外汇、期货、伦敦金等市场高风险产品并无二致，因此，新手最好不要参与。

◎ 蓝筹股、红筹股

在股票市场上，投资者把那些在其所属行业内占有重要支配性地位、业绩优良、成交活跃、红利优厚的大公司股票称为蓝筹股。

通常，这类上市公司规模较大、经营管理规范、创利能力稳定、能够连年给股东带来回报，即便在经济不景气时都有能力赚取利润，风险较小。

"蓝筹"一词源于西方赌场。在西方赌场中，有三种颜色的筹码，其中蓝色筹码最为值钱，红色筹码次之，白色筹码最差，投资者把这些行话套用到股票。

蓝筹股并非一成不变，随着社会经济的发展、公司经营状况的改变及经济地位的升降，蓝筹股的排名也会不断变更。

我国股票市场虽然历史较短，但发展十分迅速，也出现了一些蓝筹股，例如三一重工、同仁堂、贵州茅台等。投资者可以根据自己的情况酌情购买。

红筹股是大陆以外的交易所对中资概念股的统称，最常见、最富代表性的是香港的红筹股。在香港，一般把最大控股权（常常指30%以上）直接或间接隶属于中国内地有关部门或企业，并在香港注册上市的公司所发行的股份，归类为红筹股。红筹股不属于外资股。

◎ 支撑位、阻力位

支撑位是指在股价下跌时可能遇到支撑，从而止跌回稳的价位，如图2-14所示。阻力位则是指在股价上升时可能遇到压力，从而反转下跌的价位，如图2-15所示。

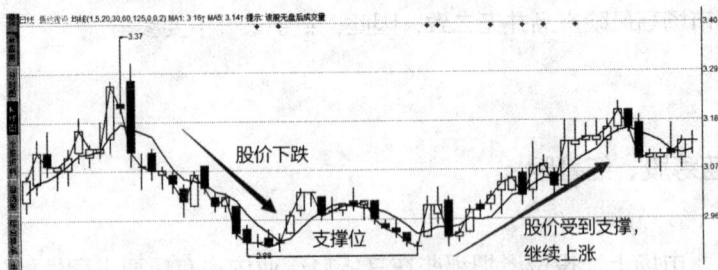

图2-14 支撑位

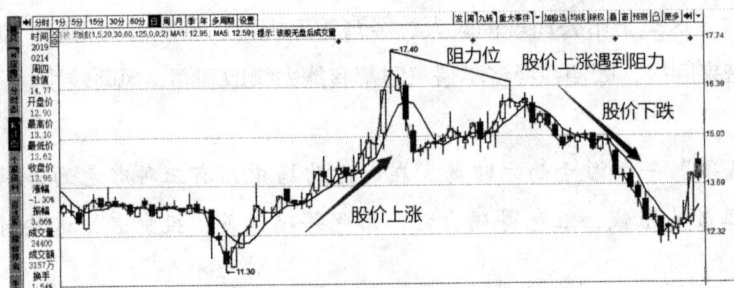

图2-15 阻力位

股价之所以会在特定的区域形成支撑位、阻力位，是因为这些区域多是投资者的心理关口。关口一旦被突破，投资者就要做出反应，或者买入，或者卖出。大家不约而同的买卖动作将使股价在某一区域形成支撑位、阻力位。例如，在上涨趋势中，股价一旦回调到20日均线附近，就有较大可能受到均线的支撑作用而再次上涨。

在理解支撑位、阻力位时，投资者还要注意以下两个要点。

（1）支撑和阻力的互换。

在股价运行时，阻力与支撑是可以互换的。具体地说，如果关键的、有效的阻力位被突破，那么该阻力位则反过来变成未来重要的支撑位；反之，如果重要的支撑位被有效击穿，则该价位反而变成今后股价上涨的阻力位了。

（2）支撑区和阻力区。

多数情况下，关键的支撑位、阻力位会集中在一个特定的区域，而不是一个点。因此，称支撑位为支撑区域、阻力位为阻力区域似乎更为妥当。注意该区间不能太大，否则对投资者没有太大的参考意义。

第三章
新手炒股的五堂必修课

1. 必修课之一：看准市场大势

◎ 牛市的市场特征

◎ 熊市的市场特征

◎ 震荡市的市场特征

2. 必修课之二：认清市场人气、热点题材

◎ 看清当天市场人气

◎ 留心热点题材

3. 必修课之三：掌握一种技术工具

◎ 技术分析的三大假设

◎ 新手炒股需要一种技术工具

4. 必修课之四：将风险控制在较低的状态

◎ 低风险才能高收益

◎ 做好资金管理

5. 必修课之五：实战的纪律

◎ 不打无准备之仗

◎ 绝对不允许发生的四件事

1.必修课之一：看准市场大势

◎ 牛市的市场特征

在具体操作之前，一定要看准当前的大盘形势。

股市老手都知道一句话叫"轻大盘，重个股"。俗话说："皮之不存，毛将焉附。""覆巢之下，焉得完卵。"大盘都下跌了，个股能有多少侥幸的希望呢？曾有报纸做过统计，大盘上涨时，十之八九的股票要么上涨，要么横盘，股民吃亏的可能性不大；而当大盘下跌时，能逆市上扬的股票不会超过5％。而且此时蛰伏的主力一般都不会逆市拉升，因为逆市拉升会遭遇较多的抛盘。由此可见大盘对个股有巨大的影响。

大盘形势可以分为牛市、熊市和震荡市三种。

牛市，也称多头市场，指股票市场行情普遍看涨，延续时间较长的大升市。在技术分析的开山理论——道氏理论中，规定持续时间在2年以上的上涨才能称为牛市。牛市可分为三个不同的期间。

（1）大盘回升，信心不足。

这是牛市的第一阶段，与熊市第三期的一部分往往重合，多在市场最悲观的情况下出现。

此时，大盘虽然已经开始回升，但许多人还抱着熊市的思维，认为这只不过是再次下跌的前兆而已。大部分投资者心灰意冷，不愿意看自己的账户，即使市场出现好消息也无动于衷，有些人开始不计成本地抛出所有的股票。

但就在这时，一些价值投资者开始逐步入场，市场成交逐渐出现微量回升，筹码逐步地从盲目抛售者手中流到理性投资者手中。市场在回升过程中偶有回落，但每一次回落的低点都比上一次高，于是吸引新的投资人入市，整个市场交投开始活跃。这时候，上市公司的经营状况和公司业绩开始好转，盈利增加引起投资者的注意，进一步刺激人们入市的兴趣。

（2）牛市被认可，信心持续增强。

这个阶段，牛市逐渐被大多数投资者所认可，随着越来越多的利好消息的公布，大家的信心持续增强。

大部分牛市中，该阶段是牛市的主升段，涨幅最大，持续时间一般不会是最短的，几乎所有的股票都有抢眼的表现。这是投资者获取利润的主要期间，要注意把握这个机会。

（3）牛市被怀疑，投机氛围浓烈。

这个阶段，市场已经处于牛市的末期，市场充满投机氛围，整个社会几乎都沸腾起来了，变得极端情绪化，甚至即使出现坏消息也会被作为投机热点炒作，变为利好消息。上市公司也趁机大举集资，或送红股或将股票拆细，以吸引中小投资者。垃圾股、冷门股股价均大幅度上涨，而一些稳健的优质股反而被漠视。同时，炒股热浪席卷社会各个角落，各行各业、男女老幼均加入了炒股大军。当这种情况达到某个极点时，市场就会出现大转折。

图3-1是大盘从2005年6月到2007年10月的大牛市走势。从图中可以明显看出，该牛市走势也分为三个期间。

期间1从2005年6月到2006年6月，时间长达一年。在此期间，大盘企稳回升，持续上涨，但涨幅有限。

期间2从2006年6月到2007年5月，时间也基本达到一年。在此期间，大盘大幅上涨，各板块、各个股都有耀眼的表现。同时成交量也最大，显示出强烈的上涨动能。此时投资者若能持股不动的话，将会获得丰厚的收益。

期间3从2007年6月到10月，是牛市三阶段中最短的。在此期间，大盘虽然再创新高，但成交量并没有创出新高，显示出上涨动能已经不足，市场气氛虽最为热烈，但已经是强弩之末了。

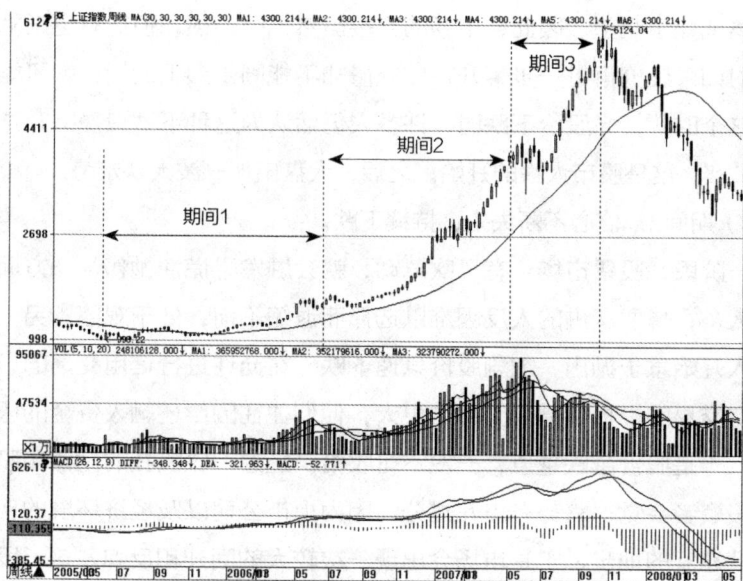

图 3-1 上证指数从 998 点到 6124 点的大牛市走势

◎ 熊市的市场特征

熊市又称空头市场，是市场整体方向向下的市场运动，中间可能会夹杂剧烈的反弹走势，但整体趋势是一波比一波低。

在熊市中，绝大多数人是亏损的。当然空头市场中也不乏机会，但机会转瞬即逝，不易捕捉，在空头市场中的操作尤其困难。正因为如此，一旦有谁在熊市中通过短线、超短线操作赚了钱，就有可能瞬间爆得大名。

与牛市类似，熊市走势也可以分为三个期间。

（1）期间1：气氛狂热，大盘下跌。

这是熊市的第一阶段，它开始于牛市第三期的末段，往往出现在市场投资气氛最高涨的情况下，这时市场绝对乐观，投资者对后市变化完全没有戒心。市场上真真假假的各种利好消息到处都是，公司的业绩和盈利达到不正常的高峰。不少企业在这段时期内加速扩张，收购合并的消息频传。正当绝大多数投资者疯狂沉迷于股市升势时，少数明智的投资者和个别投资大户已开始将资金逐步撤离或处于观望。因此，市场的交投虽然十分炽热，但已有逐渐降温的迹象。这时如果股价再进一步攀升，成交量却不能同步跟上的话，就可能出现大跌。在这个时期，当股价下跌时，许多人仍然认为这种下跌只是上升过程中的回调。其实，这是股市大跌的开始。之后，大盘出现一波大跌走势。

（2）期间2：信心不断失去，持续下跌。

这一阶段，股票市场一有风吹草动，就会触发恐慌性抛售。一方面，市场上热点太多，想要买进的人反因难以选择而退缩不前，处于观望；另一方面，更多的人开始急于抛出，加剧股价急速下跌。在允许进行信用交易的市场上，从事买空交易的投机者遭受的打击更大，他们往往因偿还融入资金的压力而被迫抛售，于是股价越跌越急，一发不可收拾。经过一轮疯狂的抛售和股价急跌以后，投资者会觉得跌势有点儿过分，因为上市公司以及经济环境的现状尚未达到如此悲观的地步，于是市场会出现一次较大的回升和反弹。这一段中期性反弹可能维持几个星期或者几个月，回升或反弹的幅度一般为整个市场总跌幅的三分之一至二分之一。

还是在熊市第二期，经过一段时间的中期性反弹以后，经济形势和上市公司的前景趋于恶化，公司业绩下降，财务困难。各种真假难辨的利空消息又接踵而至，对投资者信心造成进一步打击。这时整个股票市场弥漫着悲观气氛，股价继反弹后较大幅度下挫。

（3）期间3：信心崩溃，股价逐渐企稳。

股价持续下跌，但跌势没有加剧。由于那些质量较差的股票已经在第一、第二阶段跌得差不多了，再跌的可能性已经不大，而这时由于市场信心崩溃，下跌的股票集中在业绩一向良好的蓝筹股和优质股上。这一阶段正好与牛市第一阶段的初段吻合，有远见和理智的投资者会认为这是最佳的吸纳机会，这时购入低价优质股，待大市回升后可获得丰厚回报。

在技术图形上，熊市中均线系统往往会出现向下发散的形态，形成空头排列。在当前国内股市没有做空机制的情况下，投资人在空头市场中应尽量避免再次进场，应采取持币观望策略。图3-2是上证指数从2007年10月到2008年11月的熊市走势图。

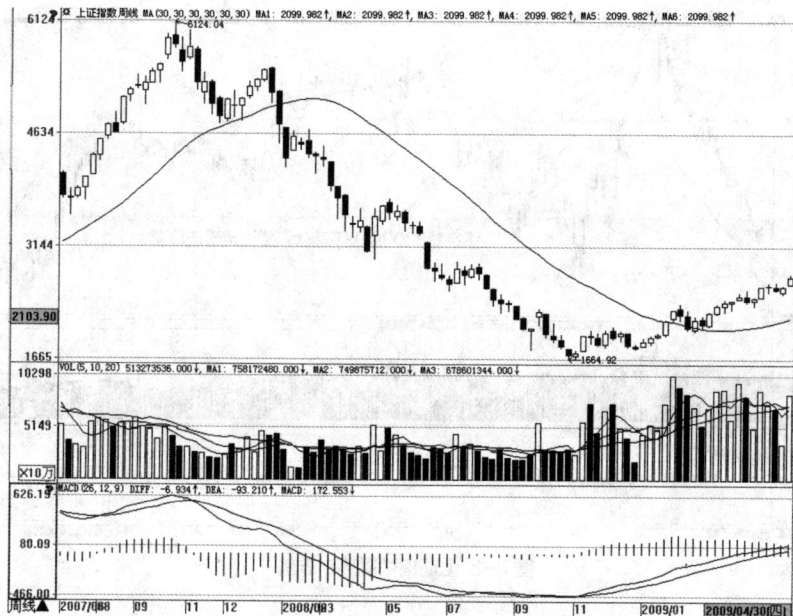

图 3-2 上证指数从约 6124 点跌到约 1664 点的熊市走势

在这波经典的下跌走势中，2008年4月底5月初，市场出现一波较大的反弹走势，但很快就再次下跌，延续下跌趋势。因此，在熊市中最好一直持币观望。

◎ 震荡市的市场特征

除了牛市、熊市之外，市场还会出现第三种走势，即非牛非熊的震荡市。此时大盘在一个区间范围内长时间上下震荡。

震荡市出现的范围较为广泛，既可以出现在牛市或熊市的调整阶段，也可以出现在牛市或熊市的反转阶段。

在震荡市中，大盘方向虽然不明，但板块轮动现象一般较为明显，经常会有短期大涨的热点出现。因此，在震荡市，投资者如果操作得当，也能获得不菲的收益。图3-3是从2009年8月到2010年4月，大盘围绕着3000点的震荡走势图。

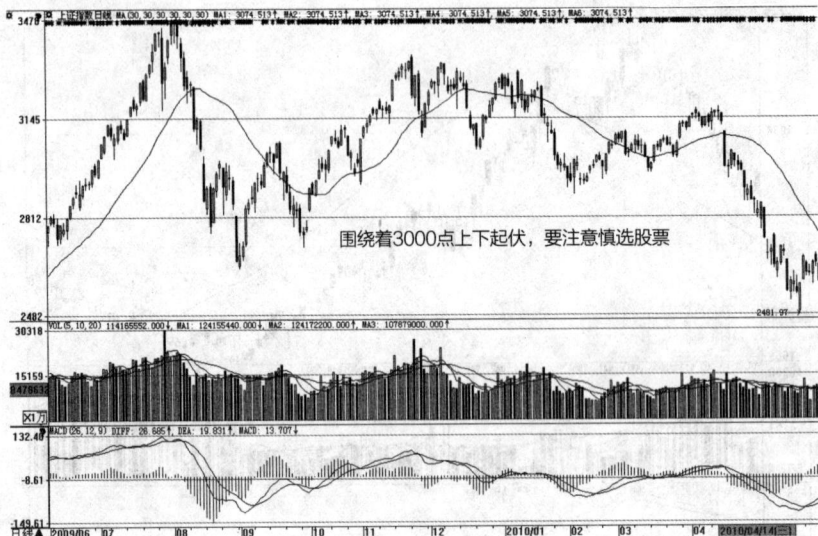

图 3-3 上证指数震荡市走势

这个阶段大盘虽然上下起伏，没有明显的趋势，但投资者只要选股精当，仍然可以赚钱。

2. 必修课之二：认清市场人气、热点题材

◎ 看清当天市场人气

当天市场人气，是指当天股票市场的个股活跃度、成交量大小、资金炒作热情等技术面的情况。这些情况直接决定了投资者买入、卖出的点位好坏，特别是对短线操作影响更大，直接决定了短线操作的难易程度。

当天市场人气，可以从以下几个方面进行判断。

（1）从涨跌家数看市场人气。

从涨跌家数的对比上，可以直截了当地对当天的市场人气做一个简单分类。

当大盘上涨，同时上涨家数多于下跌家数，说明大盘的上涨是自然、真实的，当天的市场人气较旺。投资者可以精选优质股，适当地进行短线操作。

当大盘上涨，同时下跌家数却多于上涨家数，说明大盘的上涨动能并不是很足，这种上涨更多的只是指数股的带动，说明当天的市场人气并不是很旺。这就好比集市上某天交易量虽然很大，但大街上却冷冷清清的，这是因为大交易量都是几个大户做出来的。投资者此时最好观望。

当大盘下跌，同时上涨家数多于下跌家数，说明大盘的下跌动能其实并不是很足，这种下跌更多的只是指数股的打压所造成的，说明当天的市场人气还可以。此时投资者可以适当关注中小盘股、创业板股票。

当大盘下跌，同时下跌家数多与上涨家数，说明大盘的下跌是真实、自然的，下跌动能较强，市场人气很弱。面对这种情况，投资者要保持观望。图3-4是上证指数在2021年8月31日的分时走势图。

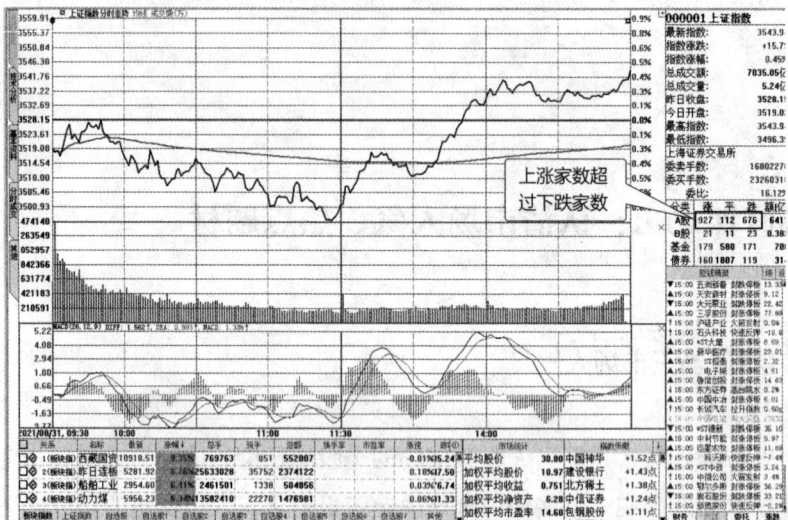

图3-4 上证指数涨跌家数

从图中可以看出，大盘指数在上午不断震荡下跌，从下午开始不断上涨。从涨跌家数可以看出，当天上交所有927只股票上涨，676只股票下跌，112只股票走平。它表明当天市场人气较旺，大盘的上涨是真实、自然的。投资者可以短线选股买入。

（2）从大盘分时走势图看人气。

大盘分时图也是观察市场人气的重要窗口，它主要通过分时线和均价线之间的关系来确定当天的市场人气。

当分时线和均价线同时向上时，表明大盘正处于单边上涨走势中，市场人气热烈。此时如果有成交量的配合，上涨走势将更为可靠，投资者可以适当地进行短线操作。

当分时线和均价线同时向下时，表明大盘正处于单边下跌走势中，市场人气极弱，投资者可以观望。

当分时线和均价线缠绕在一起，呈现横盘震荡走势时，表明市场趋势不明，人气不足。

（3）从涨幅榜看人气。

每天的涨幅榜是最能刺激投资者眼球的一个页面，就像胡润百富榜一样。因此，从沪深涨幅榜观测人气就成为操作者的一个必备功课。

当涨幅榜的第一页有至少10只股票涨停，表明市场人气高涨。投资者可以短线追涨买入。

当涨幅榜第一页的所有个股的涨幅都大于4%，表明市场人气较高。

当涨幅榜第一页没有涨停个股，且涨幅大于5%的股票少于3只，表明市场人气不足。投资者此时最好观望，不要随便买入。

当涨幅榜第一页所有个股的涨幅都小于4%，表明市场人气非常低迷。此时投资者应该保持观望，不要盲目入场。

当然，这都是一般意义上的经验之谈。投资者经过长期的实战磨练，会逐渐形成自己的判断标准，这就需要操作者在实战中不断总结，持续学习。

◎ **留心热点题材**

题材炒作，又称概念炒作、板块炒作，是证券市场常见的一种获利模式。它具有重要的市场意义和社会意义。投资者即便不参与操作，也要对此有一定的了解。而当投资者看清了大盘趋势、当天的市场人气之后，再留意当前的市场热点题材，往往能够选中市场的大黑马，获得超额收益。

投资者可以从以下几个角度来发掘热点题材。

（1）社会经济形势的变动。

社会、经济生活中常常会出现一些牵动许多人神经的事情，这就是股市最好的热点题材的来源。例如，2010年年底到2011年年初，北方大旱，北京连续三个月没有降雪，市场形成强烈的抗旱、夏粮减产预期，水利板块、农业板块受到关注，成为市场热点题材，一些个股出现了较大幅度的上涨，如图3-5所示。

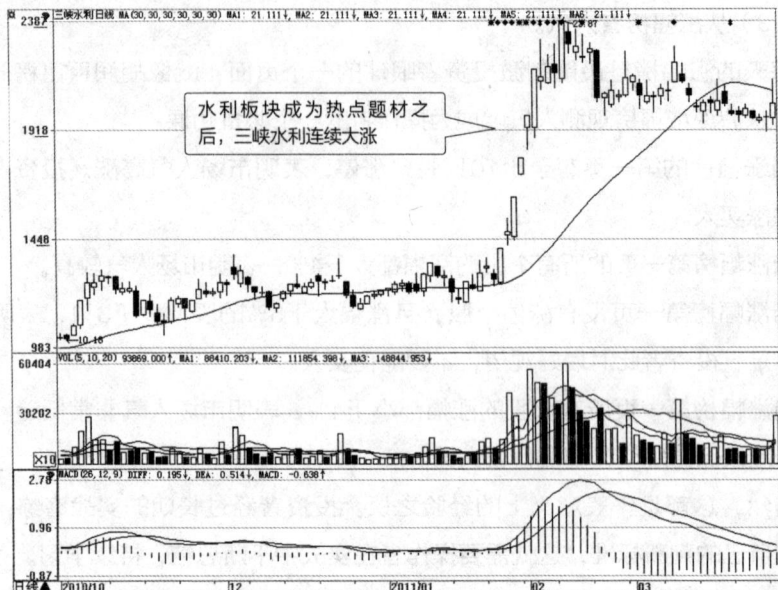

图 3-5 三峡水利（600116）日 K 线

（2）国家政策。

国家政策对行业和上市公司的实际经营都会产生重大的影响。因此一旦国家政策有所变化，将会引发股市相关板块、个股的剧烈反应。这时，市场将在一段时间内会形成一些新的热点板块、题材。

（3）大资金的关注。

市场热点与资金的关注度密切相关。从某种程度上来说，社会经济形势和国家政策的变动对市场热点的影响，要通过大资金这个媒介的作用才能实现。对大资金的关注，主要是通过对个股的成交量和筹码的变动来判断。

3. 必修课之三：掌握一种技术工具

◎ 技术分析的三大假设

股票投资的分析方法主要有两种：基本分析和技术分析。

基本分析是以传统经济学理论为基础，以公司价值作为主要研究对象，通过对决定企业内在价值和影响股票价格的宏观经济形势、行业发展前景、企业经营状况等进行详尽分析，以大概测算上市公司的长期投资价值和安全边际，并与当前的股票价格进行比较，形成相应的投资建议。基本分析认为股价波动不可能被准确预测，而只能在有足够安全边际的情况下买入股票并长期持有。这一方法已经在介绍F10时有所介绍，主要是一些专门的研究机构在使用。

技术分析法是以传统证券学理论为基础，以股票价格作为主要研究对象，以预测股价波动趋势为主要目的，从股价变化的历史图表入手，对股票市场波动规律进行分析的方法总和。技术分析认为市场行为为包容消化一切，股价波动可以定量分析和预测，如道氏理论、波浪理论、江恩理论、K线理论、技术指标等。这一方法应用范围极其广泛，一些专业的交易者、大部分普通投资者都在使用。

所有的技术分析都是建立在三大假设之上的。

假设1：市场行为包容消化一切。

这句话的含义是所有的基础事件，包括经济事件、社会事件、战争、自然灾害等能作用于市场的因素，最终都会反映到价格变化中来。因此，技术分析并不是不关注市场的基本面信息，而是通过另一种方式来观察基本面的综合情况。

假设2：价格以趋势方式演变。

正是因为股票价格的变动具有惯性，即要保持原来运动的方向。正因为这样，我们才能运用技术分析中的各种图形和指标来预测股票价格的走势。

假设3：历史会重演。

它实际上默认市场上的大部分人都无法战胜自己，他们的心理结构永远都是一种情绪化的心理结构。正因为这样，面对曾经发生的事情，投资者仍然会犯曾经犯过的错误。这样，历史就会不断地重演。

投资者可以对这三大假设逐步加深理解。最终，你理解得越深刻，越相信这三大假设，之后运用技术分析时就越能得心应手。这三大假设实际上就是技术分析的运用思想。

◎ 新手炒股需要一种技术工具

新手炒股，需要一种技术分析工具，而且必须是技术分析工具。原因如下。

（1）新手本身的特点。

股市新手，极为缺乏经验，面对市场的瞬息万变，没有信心，迫切需要一种能直截了当地告诉自己该怎么做的工具。而且新手不可能像券商的研究员一样，天天去研究上市公司的财务报告、国家行业政策等基本面信息，这对新手来说是不可想象的知识阻碍。

（2）技术工具在股市实战中有众多的优势。

优势1：技术工具极为简单。

投资者只需要通过几条技术线就可以把各种变量之间的关系及其相互作用的结果清晰地表现出来，把复杂的因果关系变成简单的图表。以图看势，就很容易把握股价变化的趋势。且利用电脑制图、示图、读图十分方便，把各种图表程序编成软件，只要按照程序输入数据，图形就马上可见。

优势2：分析结果较为客观。

基本面分析的材料和数据虽然是客观的，但预测者在选择材料进行价格走势分析时往往带有个人感情色彩，例如，对某个行业有好感，就会过多地考虑宏观经济中一些利好的因素，甚至把一些不利因素也当作有利因素。而技术分析则不同，不管图表出现的是买入信号还是卖出信号，都是客观的，不以投资者的意志为转移。

优势3：技术工具所发出的买卖信号较为明确。

技术工具所发的买卖信号，一般都较为明确，该买就是买，该卖就是卖，较少存在模糊地带。例如，多根K线的双底形态、头肩顶形态等，它们的出现，表明股票走势可能在此转势，提示交易者应该做好交易的准备。同样，一些主要的支撑位或均线位被突破，往往也意味着巨大的机会或风险的来临。这些就是技术分析的明确性。

正是这两大原因，投资者，特别是个人投资者在进行股票投资的时候最好先熟练掌握一种或几种经典技术工具。实际上，随着信息时代的来临，与很多人的设想相反，个人投资者面对海量信息，根本无法进行详尽、有效的基本分析，此时熟练掌握一种经典技术分析工具就显得尤为必要。

一般来说，越简单、信息量越小的市场，用基本分析的人就越多；越复杂、信息量越大的市场，用基本分析的人就越少，因为在这里基本分析，即便是机构投资者也几乎无法做到详尽。技术指标成为了人们买卖和研究股票的常用工具。例如，在国际外汇市场上，技术指标已经成为职业外汇交易员非常倚重的汇率分析与预测工具。

例如，图3-6是中集集团（000039）从2012年5月到11月的日走势图，股价跌破了30日均线，下跌势形成。

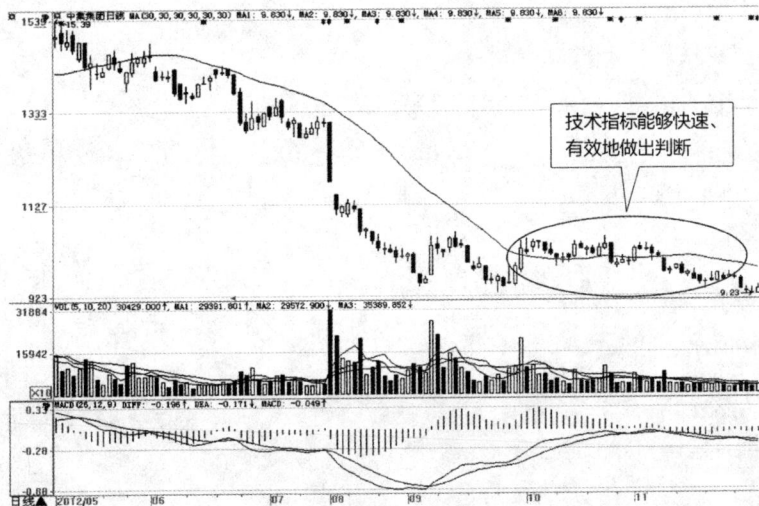

图 3-6 中集集团日走势图

在评估该股在2012年12月是否有投资机会时，投资者可以分别利用两种分析方法来验证一下。

首先进行基本分析，我们要评估该股所在的集装箱运输行业的发展前景，分析国际贸易是否会因为经济危机而受到影响，分析公司的财务状况，分析公司的高管是否能力出众，如果想要更加详尽，还得学赵丹阳去港口蹲点，数每天过往船只的数目。这种事情，除了一些实力雄厚的机构投资者，个人很难去做。

如果利用MACD指标来分析该股则十分简单、有效：从5月到9月，股价一直都在30日均线下方运行，表明市场一直处于下跌趋势中；9月底走势反弹向上，但十分无力，在30日均线附近受阻后又再次向下，股价市场仍将延续原来的下跌趋势，因此不可买入，耐心等待为上策。

通过这个例子，我们就知道熟练掌握一种技术工具的重要作用了。实际上，即便是价值投资者，在估算出股票或资产的内在价值后，在采取投资行动时，也必须寻找最佳的买点。无数的事实已经证明，无论多么好的股票或资产，如果买进价格过高，都会变成失败的投资。而价值投资者在寻找具体的买点时，最好也能熟练掌握一种技术指标，这将使你的买入价位更加理想。

4. 必修课之四：将风险控制在较低的状态

◎ 低风险才能高收益

股市中流传最广的一句话就是：高风险才有高收益。许多人初入股市，刚听到这句话，常常会觉得很有道理，他们说：你看储蓄、国债都是低风险，但收益也低；股市是高风险，但有的人不是赚了大钱吗？

这些人不妨这样想想，如果冒高风险就一定意味着高收益，那股市中特别是期货市场中的大多数人，为什么都亏损累累（他们的风险更高，却最终高达95%的人都处于亏损状态）？高风险对这些人来说不但不是高收益，反而是高亏损。

只有把别人看来是高风险的操练成对你来说是低风险的，你才能取得这高风险带来的高收益。而对大部分人来说，高风险的东西最终带给人的更多是低收益，而所谓的高收益只是昙花一现。

股市新手要明白的是，专业投资者和信奉"高风险才有高收益"的人不一样，专业投资者一般都是极端的风险厌恶者，即便在期货、外汇保证金这样在外人看起来风险极高的行业，他们也能将风险控制在极低的范围之内。

这些人之所以能够做到这一点，主要有以下几个原因。

（1）精湛的技术。

高风险实际上是因人而异的——在大多数人看来是高风险的事物，少数人却能通过长期地苦练技术，使得风险极低。拿高空走钢丝来说，这在大多数人看来都是高风险又很难办不到的事，但对新疆的高空王子阿迪力来说，却是低风险。他手拿一根平衡木，在两山之间的钢索上走来走去，从未失过手。

（2）心理素质好。

与精湛的投资技巧类似，专业的投资者经过训练，心理素质非常好，面对走势已经能够做到内心如如不动，同时对其进行分析得出最优的交易策略。这种无与伦比的"专业性"能赋予投资者一种类似高空王子一般的优势。

（3）专业投资者在意的是"把事情做正确"。

与大多数人相反，专业投资者在炒股时，在意的并不是赚到多少钱，而是"把事情做正确"。

实际上，炒股最大的风险就来自"不能把事情做正确"，眼睁睁地看着机会从手边溜走。而专业投资者对每一次交易都极为重视，他们认为每一次交易都是一次自我检阅、自我督查、自我提高的心灵修炼过程。在这种状态下，风险将被控制在一个极低的范围内，这就是心理上的风险止损。

同样是短线炒股，在一周、一个月甚至几个月内，一些新手的收益率可能已经达到20%、50%，甚至已经翻了一番，然后他们开始叫嚣"我终于成功了"。而专业投资者获得的收益在同期内可能并不比这些狂欢的新手们高，甚至要低很多，但他的收益更为平稳，而且他在实现平稳收益的前提下，承担了极低的风险。

实际上，以较低风险实现稳定、较高的收益是一项杰出的成就，也可以说这是世界上最大的暴利。而那些叫嚣"我终于成功了"的人，最终在潮水退去后，才发现原来他就是巴菲特所说的裸泳者。

对一个普通老百姓来说，在低风险的约束下，他所能享受的稳定收益只能是国债、储蓄的稳定利率；对一个能够控制自己的欲念，拥有极高交易技术的顶尖投资者来说，在低风险的约束下，他所能享受的稳定收益远超普通国债的收益率。

记住，高收益都是通过一次次的低风险交易累积而成，靠着时间的力量而不断增长的，暴利永远不可能靠着高风险获得。

◎ 做好资金管理

炒股要做好资金的管理，这是实现稳定的必然前提。

投资者要明白的是，做股票需要把资金、心态、理念和技巧结合在一起，最终形成一种综合性的操作系统。从某种程度上来讲，资金管理比交易方法本身还重要。众多投资者的实战经验都显示，即便亏损的次数远超过盈利的次数，但只要能够控制好自己的仓位，判断正确时顺势加码扩大战果，判断失误时及时脱身，这样几次大的盈利足以弥补数次小的亏损，也会达到良好的业绩。

因此，在开始实战之前，投资者要明白，自己是资金的管理者，要对自己的交易负责。股票仓位的轻重，有时候会严重影响到投资者的交易心态和结果。不要盲目自大。

例如，图3-7是凤凰光学（600071）从2021年1月到8月的日走势图。

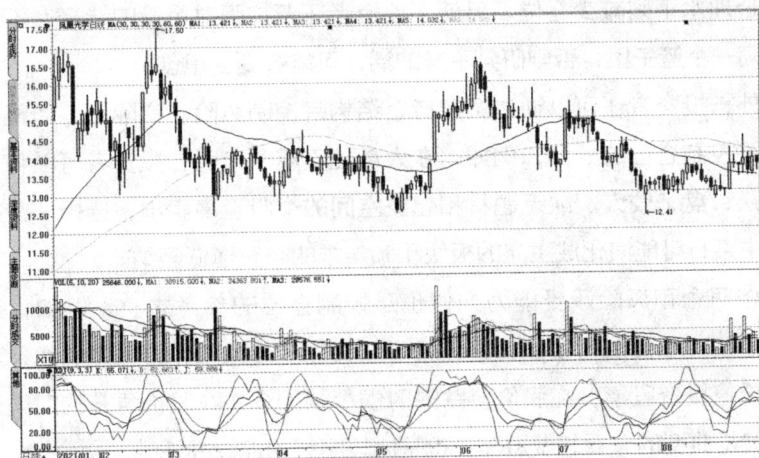

图 3-7 凤凰光学日 K 线

从图中可以看出，在这段时间内，该股一直存处于大震荡行情中。

在剧烈的震荡走势中，投资者可以采取轻仓短线的策略不断地高抛低吸。但如果投资者采取满仓的策略去做，操作马上就会变得畸形。

研判行情是为了决定买进还是卖出，投资计划帮助投资者决定怎么去买，而资金管理是确定用多少钱做这笔交易。这就好像战争中的排兵布阵一样，来不得半点儿马虎。

资金管理的具体方法则因人而异，没有绝对固定的模式。以下是一些常见的经验之谈。

例如，当大盘稳步上升时，要保持七成仓位，待手中股票都获利时，增加仓位，最终可满仓持有，直至牛市结束再全部清仓。大盘处在箱体震荡中或调整初期，保持四成至六成仓位，手中股票逢高及时减磅，急跌时果断买进，见利就收，快进快出。同时要谨记的是：在大盘阴跌处于低迷时，不要抱有侥幸心理，要忍痛割肉，落袋为安，等待时机。

无论什么时候，都不建议满仓操作。投资管理的核心在于承认无法确知的未来并采用适当的方法来应对。例如，像2008年股市调整的底部，投资者是无法确知的，但可以通过仓位调整来应对，估值低于合理水平增加仓位，估值明显超过合理水平则减少仓位。另外，投资者还要加强对个股的选择，不要把鸡蛋放在同一个篮子里，否则研判不准的话，可能会受到重创。

另外，投资者还可以通过调整持仓结构来控制风险。实际上，调整持仓的结构也是控制仓位的一种，例如，在大盘处于震荡市时，投资者可以将一些股性不活跃、盘子较大、缺乏题材和想象空间的个股逢高卖出，选择一些有新庄建仓、未来有可能演化成主流的板块和领头羊的个股逢低吸纳。

操作理念和风险承受能力如何也是控制仓位的参考之一。例如，投资者做的是短线，承受能力较强，仓位就可以高些。而如果你打算做长线，那就守住某些价值投资股票，在股价急跌的时候少量加仓，在股价急升的时候逢高减仓，这就是典型的"看长做短"，也是比较明智的控仓办法。

不管采用什么控仓方法，关键还在于执行。投资者不能凭一时冲动，随便突破自己制定的控仓标准。炒股要做好两件事：在容易赚钱的多头格局中争取一点儿利润；在容易亏损的不利格局中守护好资金。第一件事大家都乐意做，多数人是败在第二件事上，其实第二件事比第一件事好做多了，把握不好买点，难道休息还不会吗？其实，越是简单的事常常越难做到位。把简单的事做好就是不简单。这实际上就又牵涉到心理控制问题了。

5. 必修课之五：实战的纪律

◎ 不打无准备之仗

每一次入场前，都要做好计划，因为不能打无准备之战。对于一般投资者来说，即使不将交易计划形成书面文字，也要在心中有个基本的打算。

交易计划一般包括以下几个要点。

（1）市场分析。

投资者通过对市场基本面和技术面的综合分析，对价格走向以及运动幅度作出判断。

（2）盈利目标与亏损限度的评估。

盈利目标的设定与投资者所用的交易理论密切相关。特别是波浪理论、江恩理论，对行情走势具有测算的功能，盈利目标的设定可以参照这些理论。图3-8是新集能源（601918）从2010年6月到11月的一段走势图。

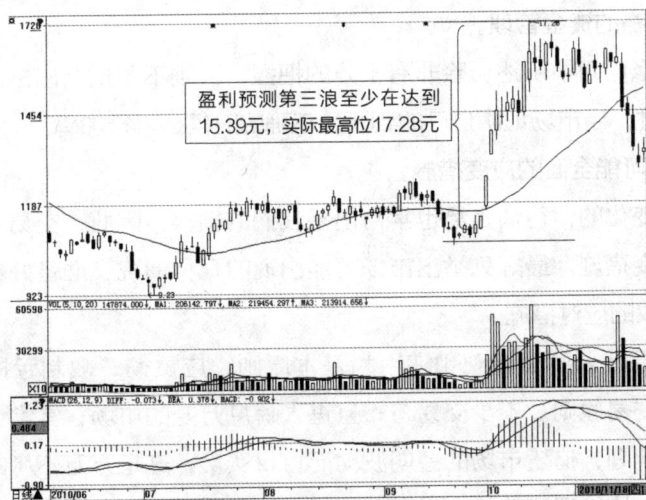

图3-8 新集能源日K线

如图所示，从2010年7月初到9月，该股在经过一波上涨走势之后开始不断地回调震荡。在这个过程中，指数顺利地越过30日均线且大部分时间都在30日均线上方，表明上涨趋势已经初步形成。此时，基于波浪理论基本可以判断出，前期的第一波涨势和调整，是波浪理论的第一浪和第二浪。接下来投资者可以利用波浪理论来预测第三浪的涨幅。

第一浪的涨幅为2.93元，根据波浪理论则第三浪的涨幅至少为2.93×1.618=4.74元。从2浪低点10.65元算起，估计第三浪的点位为10.65+4.74=15.39元。

第三浪从2010年9月下旬开始发动，到11月初，达到最高点17.28元，与波浪理论的盈利预测差不多。由此可见波浪理论预测的精准程度。

亏损限度的制定因人而异。一般对短线操作来说，持股亏损超过10%，就说明判断出了问题；对中线操作来说，持股亏损超过20%，就说明中期方向的判断可能出现了失误。另外，以技术图形进行止损的投资者，应将技术止损点设在有效支撑位以下，或者阻力位之上，以避免落入价格陷阱。

（3）进出场时机选择。

对普通投资者来说，把握好进出场时机是每一笔交易取得成功的关键，这与投资者所选择的交易工具密切相关。本书后面几章所描述的大多是这个关键因素。

（4）严格的资金管理。

正如必修课四中所述，除非有十分的把握，否则不要重仓出击。一般先建立初始的头寸，当市场证明自己的判断是正确的时候，再行加码。

（5）尽可能全面的应变措施。

市场是变化的，行情走势也常常出乎我们的预料，因此，交易计划中应该有明确的应变措施。最好列举出市场可能出现的几种情况，准备好在不同的情况下应该采取的应对措施。

制订交易计划要以客观和实用为基本原则，应贯彻"限制亏损，滚动利润"的基本交易原则。不少交易者一旦进入瞬息万变的市场，常常会临时改变自己的交易计划，追随市场的短期波动而盲目买卖，这是万万不可的。交易计划是投资者在比较理智的状态下对市场客观思考的结果，因此，只要计划制订的前提没有改变，我们就要严格执行它。

但投资者还要注意的是，计划不是死的，不能像顽石枯木一样死板，要兼顾主动性、灵活性。三者如何协调统一，需要操作者自己在实践中去悟，正所谓"运用之妙，在乎一心"。

◎ 绝对不允许发生的四件事

重仓交易、频繁交易、逆势交易、不止损，这是绝对不允许发生的四件事。

这一理念适用于所有的投资领域，特别是在期货、外汇保证金领域，表现得极为直接。

重仓交易直接导致心态发生变化，不管何种原因导致的重仓交易，一旦你把大部分资金都投出去，你的心将再也难以保持平静、客观，你只能惴惴不安地等待一个你控制不了的结果。

频繁交易的过程也是一个心态变坏的过程，你将逐渐失去理智甚至发狂，直至爆仓，最后你会惊奇地发现，你频繁交易的手续费竟然是你亏损的主要原因。

逆势交易走的是"小赚大亏"的路子，不管你的投资技能有多么的高超，只要走上了这条路，你终将爆仓或倒闭。

不止损，或者乱止损，就像战场上那些不知道保存实力、盲目争强斗狠的莽夫，不管你以前侥幸获得了多大的收益，最终它都不属于你。

外汇账户一年内五次爆仓，你能挺过来吗？这是笔者朋友的真实经历。

事情就发生在2008年年底到2009年年底之间，这位朋友好在知道自己技术没有过关，投入的资金都比较少，第一次入金是500美元，第二次500美元，第三次是1000美元，第四次是1500美元，第五次是2500美元。

第一次爆仓原因是逆势、5分钟频繁交易、不止损；第二次爆仓原因同样是逆势、5分钟频繁交易、不止损；第三次爆仓原因是跟所谓做了20年外汇的前辈的单子，也许他自己能处理临时发生的情况，但跟单者是没有能力处理的，最后也爆了。

分析爆仓原因，也不过是跟单、逆势、不止损、死扛等。这个账户曾翻倍过，但最终没有按交易计划执行，逆势、重仓、不止损而爆仓；这个账户曾做到6000多美元，最终也是没有按交易计划执行，重仓加频繁交易而爆仓。

朋友曾语重心长地说，爆仓的原因基本都是这些：逆势、重仓、不止损、频繁交易等，还有自己的短线操作思维。但话又说回来，如果没有这一次次爆仓的切肤之痛，这些导致爆仓的习惯你能完全克服吗？在这种情况下你还能在市场上坚持活下来吗？这是需要强大的信念和意志力才可以做到的。

要做一个能盈利的投资者，必须杜绝这四种投资习惯，这是基础。

第四章
利用 K 线找买卖点

1. 认识K线

◎ K线图的画法及市场意义

K线又称阴阳线或日本阴阳烛，它能将每一个交易期间的开盘与收盘的涨跌以实体的阴阳线表现出来，并将交易期间中曾出现的最高价、最低价以上影线、下影线的形式直观地反映出来，从而使得投资者能对变化多端的市场行情有一种一目了然的直观感受。如图4-1所示。

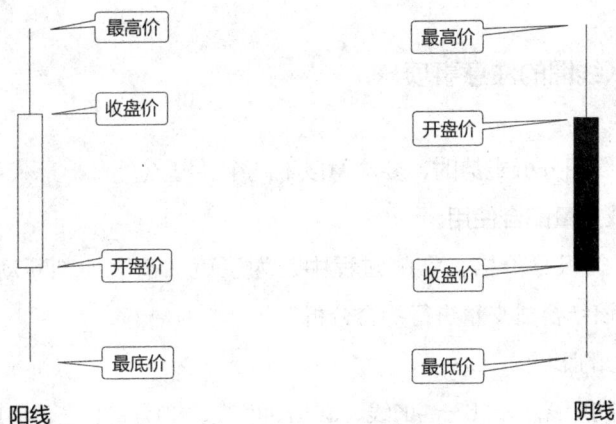

图4-1 K线图

K线最大的优点是简单易懂而且运用灵活，最大的缺点在于忽略了市场价格在变动过程中的各种纷繁复杂的因素，而将其基本特征展现在投资者的面前。

K线从时间上分为日K线、周K线、月K线、年K线，以及将一日内交易时间分成若干等分，如5分钟K线、15分钟K线、30分钟K线、60分钟K线等。这些K线各有不同的作用。其中，周K线、月K线、年K线反映的是市场价格的中长期趋势，对中长期投资者来说是一个必要的参考指标。5分钟K线、15分钟K线、30分钟K线、60分钟K线反映的是市场价格的超短期趋势，特别是60分钟K线，是短线投资者必须参考的指标。

K线所包含的市场信息极为丰富。

以单根K线而言，一般上影线和阴线的实体表示市场价格的下压力量，下影线和阳线的实体表示市场价格的上升力量；上影线和阴线实体比较长就说明市场价格的下跌动能比较大，下影线和阳线实体较长则说明市场价格的扬升动力比较强。

如果将多根K线按不同规则组合在一起，又会形成不同的K线组合。这样的K线形态所包含的市场信息就更丰富。例如，在涨势中出现乌云盖顶K线组合就说明可能升势已尽，多头就尽早离场；在跌势中出现曙光初现K线组合，说明市场价格可能见底回升，可逢低建多仓头寸。

◎ 应用K线图的注意事项

在运用K线图分析走势时，要注意以下几个关键点。

（1）与成交量配合使用。

K线分析的只是价格，实战过程中，为了更加精准地判断动能的变动情况，投资者应该结合成交量进行综合分析。

（2）主力的影响。

级别越低的K线，如15分钟K线、30分钟K线、60分钟K线、日K线，越容易受到主力或大户的操纵。过去某些主力的操盘高手甚至能够故意制造特别的K线组合以迷惑散户上当。

与此相反，级别越高的K线越不容易受到操纵。

（3）影线的长度。

影线越长，越说明多空双方斗争激烈，股价越有可能逆袭原来的市场趋势。投资者对这一点要有清醒的认识。

2. K线的十个经典买入形态

◎ 锤子线

锤子线是形态类似于锤子的单根K线。其实体部分较小，且位于K线的上端；有着较长的下影线，其长度一般达到K线实体的两倍以上；一般没有上影线或上影线极短；锤子线的实体既可以是阳线也可以是阴线，如图4-2所示。

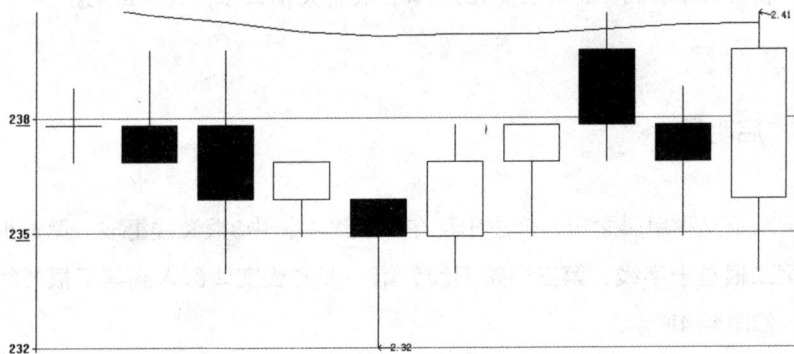

图4-2 锤子线

当股价经过一波较大的下跌趋势之后，在底部出现锤子线，表明市场上涨动能已经开始积聚，接下来有可能出现一波上涨走势。投资者面对该K线形态，要密切关注后市，当股价越过锤子线实体时，就可以短线买入，如图4-3所示。

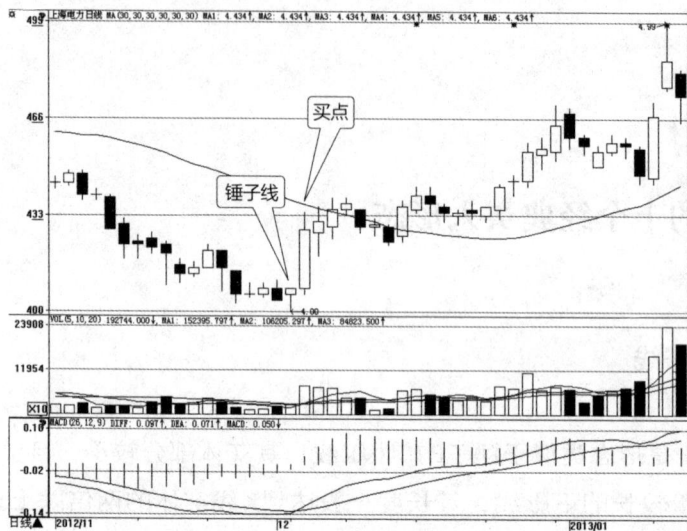

图4-3 上海电力日K线

2012年12月4日，上海电力（600021）在经过一波下跌走势后在底部出现锤子线，表明上涨动能即将启动。12月5日，股价大幅上涨，买点出现。

◎ 启明星

启明星又称早晨之星，形态出现在下跌途中，由3根K线组成。第一根是阴线，第二根是十字线，第三根是阳线。第一根K线实体深入到第三根K线实体之内，如图4-4所示。

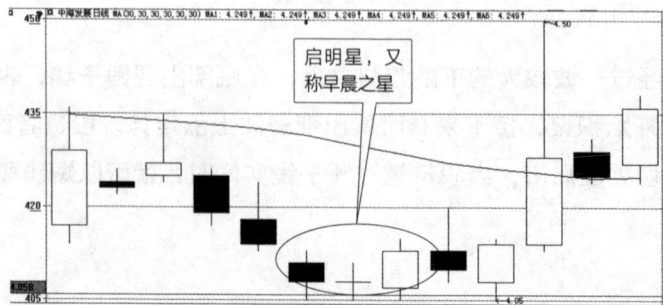

图4-4 启明星形态

启明星形态表明上涨动能在经过十字线的搏斗之后已经战胜了下跌动能，后市看涨。投资者一旦发现该形态，要注意及时买入，如图4-5所示。

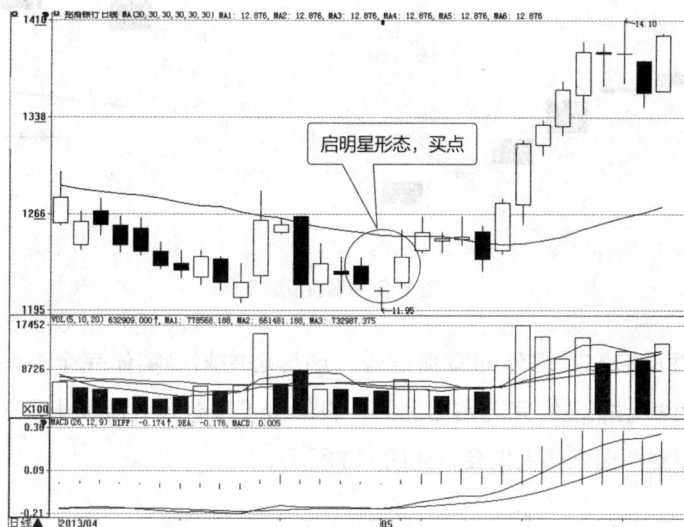

图4-5 招商银行日K线

2013年5月3日，招商银行（600036）在经过一波下跌之后，在底部出现启明星形态，表明市场上涨动能已经占据优势，后市将很有可能出现一波上涨走势。投资者可以积极买入。之后该股顺利突破30日均线并持续上涨。

实际上，启明星形态中间的K线除了十字星之外，还可以是小阴小阳线、锤子线等，有的书中可能会另外将其取名进行介绍，其本质上是一样的，只不过启明星的看涨意义更强一点儿而已。

◎ 看涨吞没

看涨吞没出现在下跌趋势中，由两根K线组成。第一根K线是实体较小的阴线，第二根K线是实体较长的阳线，且这根阳线的实体将前根阴线的实体从上到下全部"吞没"，如图4-6所示。

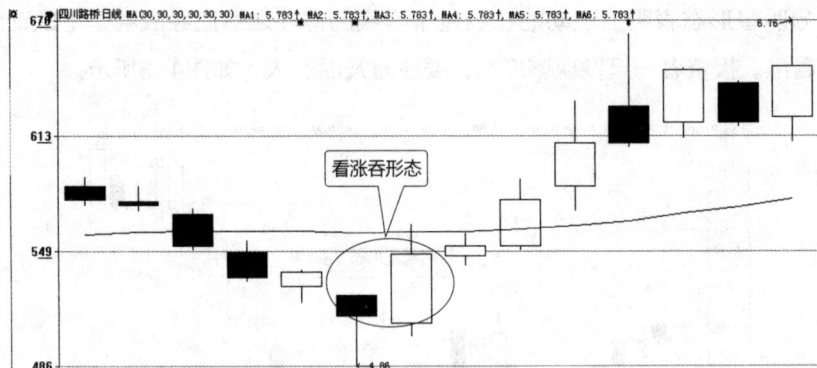

图 4-6 看涨吞没形态

看涨吞没形态是强烈的看涨信号。该形态中阳线实体完全吞没了阴线实体，说明上涨动能已经完全占据优势，股价接下来有较大可能出现一波涨势。投资者要注意把握该买入机会，如图4-7所示。

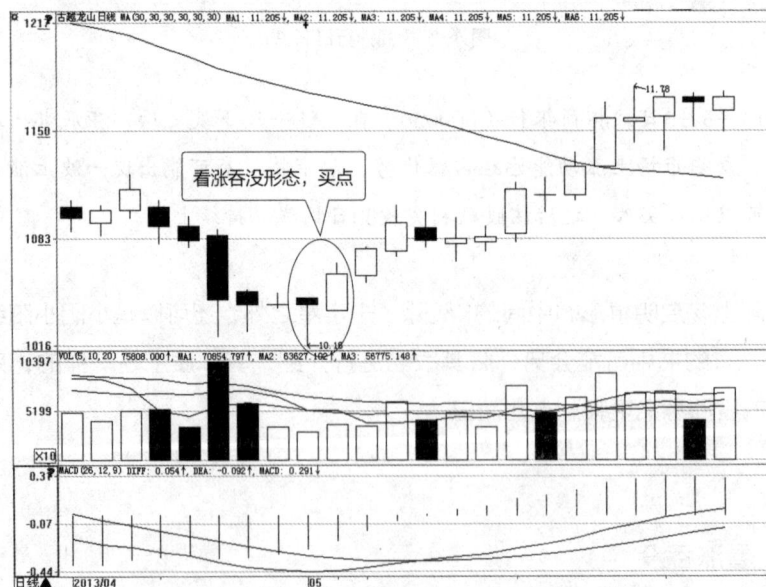

图 4-7 古越龙山日 K 线

2013年5月3日，古越龙山（600059）在下跌趋势中出现看涨吞没形态，表明股价即将上涨，投资者要注意把握该买点。之后该股持续上涨。

实际上，该股的上涨意义表明得非常强烈，除了看涨吞没形态之外，4月25日和5月2日的底部锤子线也是上涨的重要原因。

◎ 曙光初现

曙光初现出现在下跌途中，由一阴一阳两根 K 线组成。该形态先是出现一根大阴线或中阴线，接着出现一根大阳线或中阳线，阳线的实体深入到阴线的二分之一以上处，如图4-8所示。

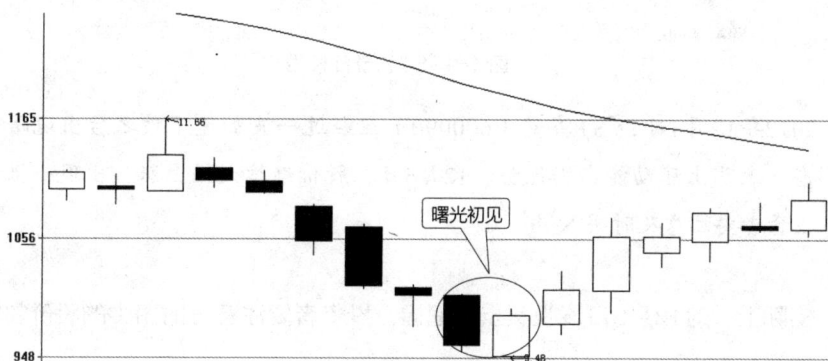

图 4-8 曙光初现形态

曙光初现表明在市场下跌动能急剧释放的同时，上涨动能突然而至并占据上风，之后股价有较大可能出现一波上涨走势。但其可靠性不如看涨吞没形态。投资者一旦见到该形态，就要引起注意，一旦后市股价继续上涨，就要短线买入，如图4-9所示。

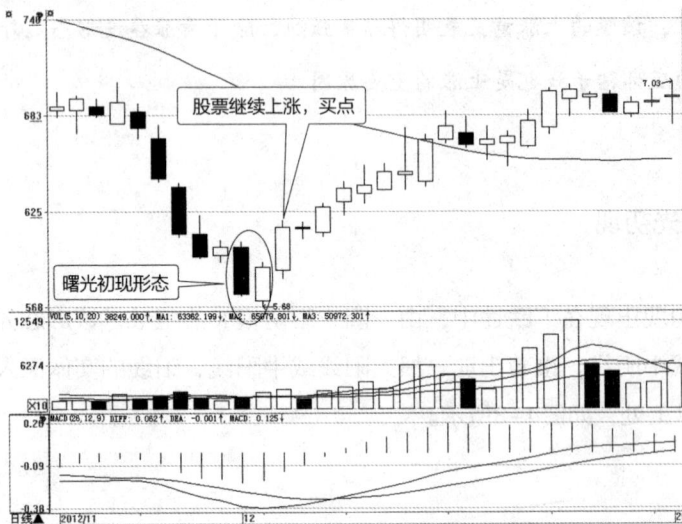

图4-9 *ST济堂日K线

2012年12月4日，*ST济堂（600090）在经过一波加速下跌之后出现曙光初现形态，表明上涨动能占据优势。12月5日，股价继续大幅上涨，出现一根大阳线，投资者要注意及时买入。

实际上，对12月5日该股买点的把握，投资者要注意分时图中的股价实时走势，如图4-10所示。

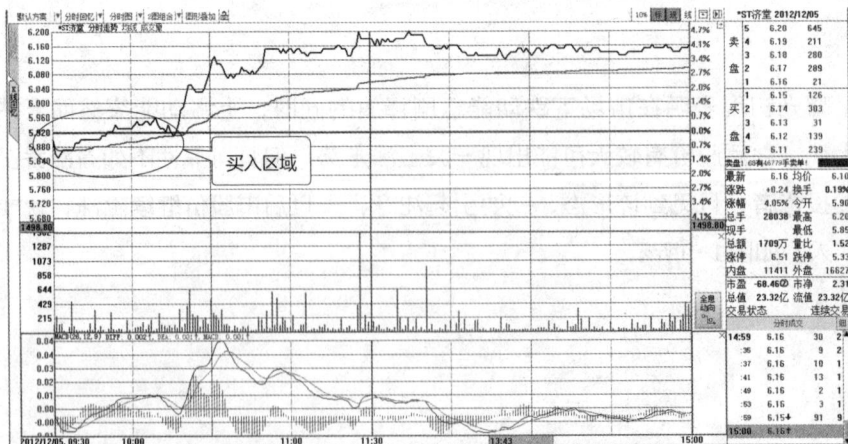

图4-10 *ST济堂2012年12月5日分时走势图

12月5日一开盘，该股低开（但并没有跌破前根K线的低点），之后逐渐上涨。它表明前一个交易日出现的曙光初现形态是有效的，此时投资者就应该及时买入。

◎ 旭日东升

旭日东升形态出现在股价下跌途中，由一阴一阳两根K线组成。与曙光初现形态类似，先是一根大阴线或中阴线，接着出现一根高开的大阳线或中阳线，阳线的收盘价要高于前一根阴线的开盘价，如图4-11所示。

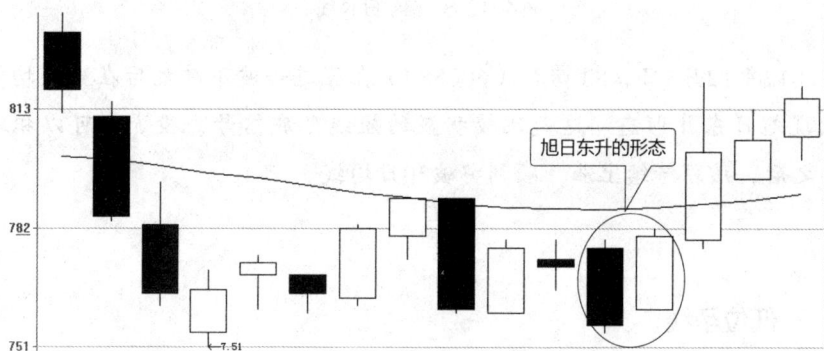

图4-11 旭日东升形态

旭日东升形态是见底信号，且看涨意义更强于曙光初现。阳线实体高出阴线实体部分越多，转势信号就越强。投资者见到该信号后，要注意及时买入，如图4-12所示。

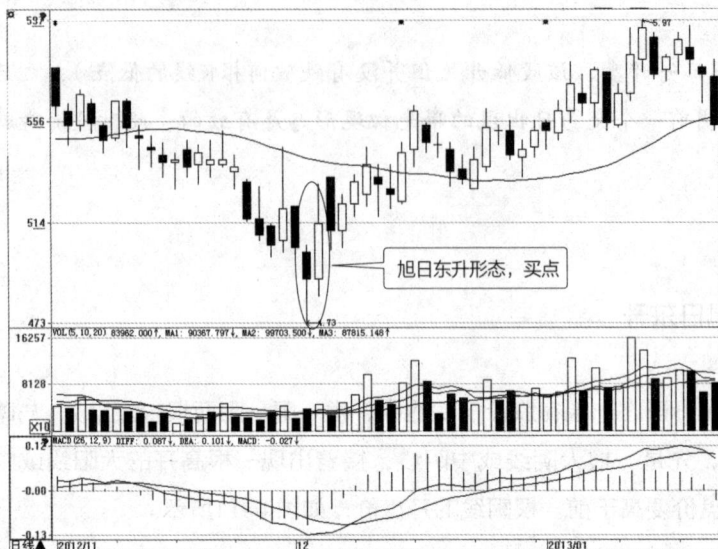

图 4-12 ST榕泰日K线

　　2012年12月5日，ST榕泰（600589）在经过一波下跌之后在30日均线下方出现旭日东升形态。这是比较明显的短线见底信号，投资者可以积极买入。之后，该股持续上涨，顺利突破30日均线。

◎ 低位孕线

　　低位孕线出现在下跌走势中，由两根K线组成。第一根K线实体较长，第二根K线实体较小，且被包括在第一根K线的实体之内。两根K线的颜色没有限制，如图4-13所示。

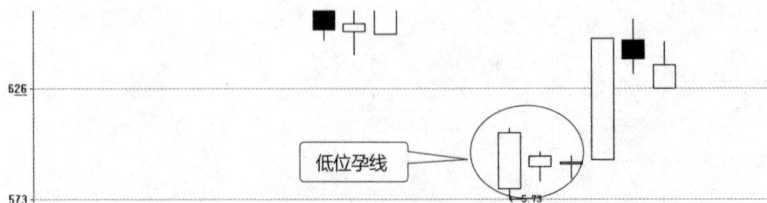

图 4-13 低位孕线形态

有的读者会诧异，低位孕线不是由两根K线组成吗，为什么图4-13中有三根K线呢？这是因为后面两根K线的实体都较小，都被包括在第一根K线的实体之内，因此可以将后面两根K线叠加在一起。

低位孕线表明市场在低位，多空双方正在进行激烈的交锋，空方占据优势的局面正在改变，之后股价有较大可能出现一波上涨走势。投资者见到此形态，只要后市不跌破形态最低点，就可以积极买入，如图4-14所示。

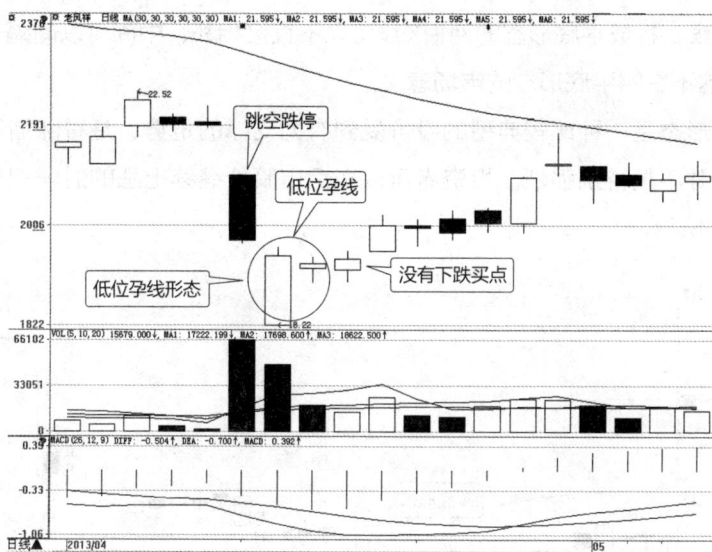

图4-14 老凤祥日K线

2013年4月中旬，老凤祥（600612）连续两个交易日出现跳空低开走势，4月15日更是跳空跌停，显示出极强的下跌动能。4月17日，K线出现经典的低位孕线形态，表明下跌动能已经被消耗殆尽，投资者可以大胆短线买入。

◎ 平底形态

平底形态又称平头底部，在下跌走势中出现，由两根或两根以上的K线组成，且其最低价处于同一水平位置上。这个最低价既可以是实体，也可以是下影线，如图4-15所示。

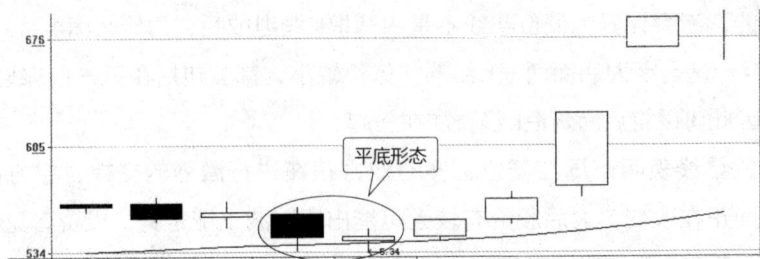

图 4-15 平底形态

有时候，构成平底形态的两根K线可以不直接相邻，中间可以间隔一条或几条K线。这不影响平底形态的市场意义。

平底形态是一种比较典型的股价受到有力支撑的走势，是看涨信号，但其信号强度并不是特别强烈。投资者可以在后市股价继续上涨的时候积极买入，如图4-16所示。

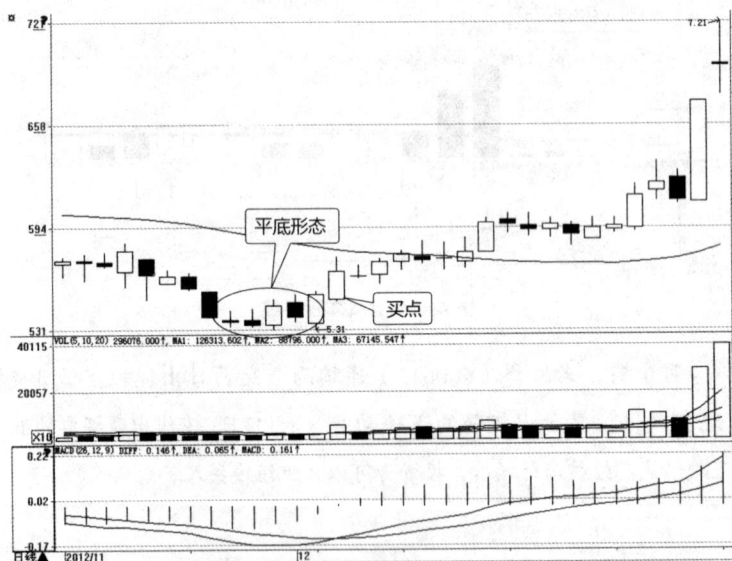

图 4-16 光大嘉宝日 K 线

从2012年11月28日到12月4日，光大嘉宝（600622）在经过一波下跌走势后，5根K线形成平底形态。它表明市场在5.3元附近受到强力的支撑，股价有可能出现上涨走势。

12月5日，股价继续上涨，投资者可以积极买入。之后该股顺利突破30日均线并形成一波较大的涨势。

◎ 塔形底

塔形底是由多根K线所组成的看涨形态。在下跌走势中，先是一根大阴线或中阴线，后为一连串的小阴小阳线，最后出现一根大阳线或中阳线，因其形状像个倒扣的塔顶故称为塔形底，如图4-17所示。

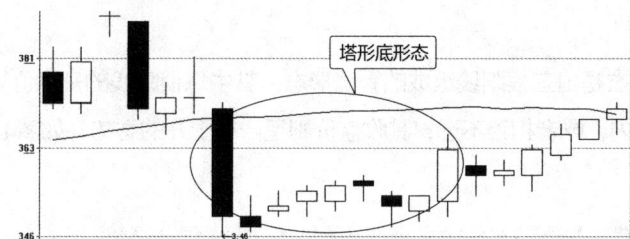

图 4-17 塔形底形态

塔形底形态表明上涨动能在经过一段时间的积聚之后（小阴小阳线的低位调整），已经彻底战胜下跌动能（大阳线或中阳线将上涨动能的优势地位确立），股价即将出现一波上涨走势。投资者一旦见到该形态，要注意及时买入，如图4-18所示。

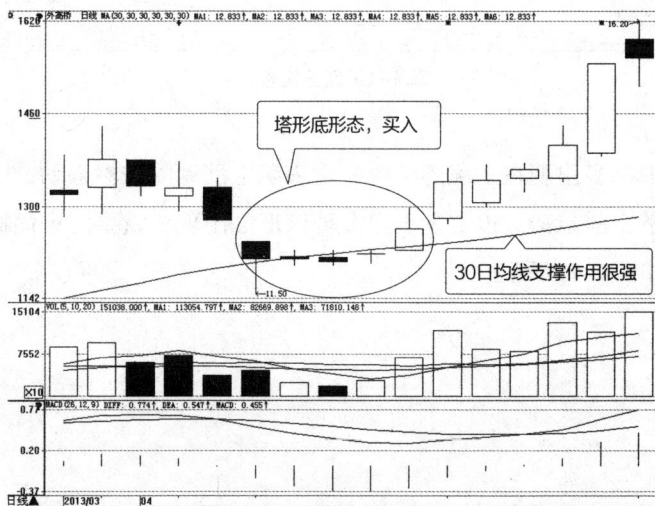

图 4-18 外高桥日 K 线

2013年4月8日至12日，外高桥（600648）在下跌走势中出现塔形底形态。投资者要注意在4月12日及时买入。

该买点十分经典，它出现在上涨趋势的回调走势中，30日均线在塔形底形成过程中先显示出了较强的支撑作用，投资者要善于利用。

◎ 红三兵

红三兵形态是由三根阳线组成的看涨形态。其中每根阳线的开盘价均处于前一根阳线的实体之内，或者相距不远；其收盘价则呈依次上升的态势，如图4-19所示。

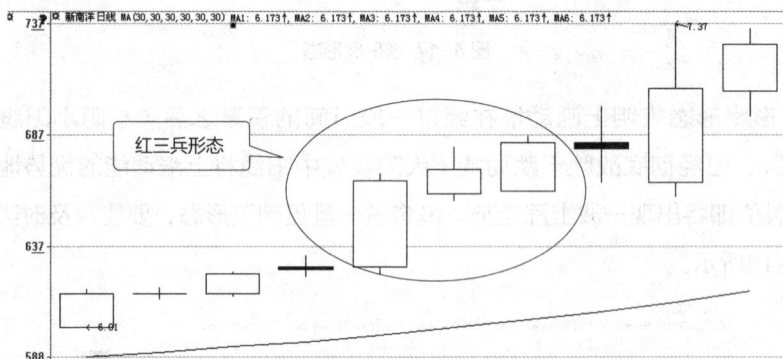

图 4-19 红三兵形态

红三兵形态多出现在上涨走势中，它表明上涨动能依然强劲，股价接下来将延续原来的上涨走势。投资者一旦发现该形态出现，就要注意伺机买入，顺风而扬帆，如图4-20所示。

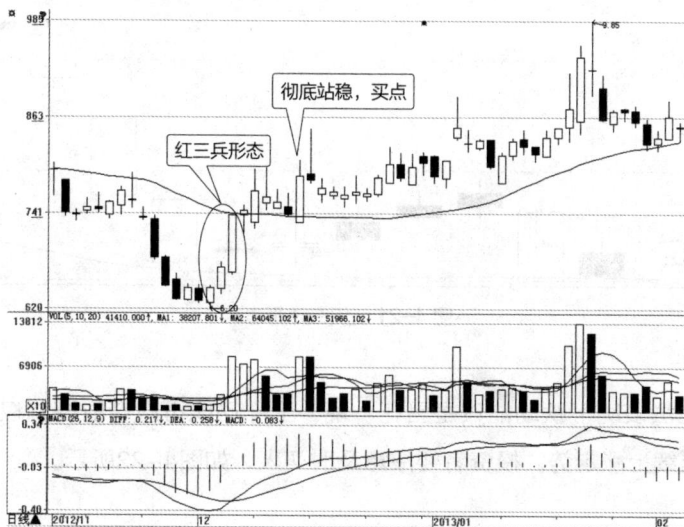

图4-20 上海凤凰日K线

从2012年12月4日到12月6日，上海凤凰（600679）在上涨走势的初期出现红三兵形态，表明上涨动能很强。投资者可以等股价在30日均线上方站稳后买入。

之所以不在红三兵形态出现时买入，是因为红三兵出现的时候，30日均线还在股价上方，多空双方必将在30日均线附近有激烈争夺，此时买入有可能被震荡出去。因此投资者可以在12月14日股价在30日均线上方彻底站稳后买入。

◎ 上升三法

上升三法又称上升三部曲，一般出现在股价上涨途中，由大小不等的五根K线组成。这五根K线中，第一根K线为大阳线或中阳线，接下来三根为小阴线（也可以有多根，也可以是小阴小阳线），但都没有跌破前面第一根阳线的开盘价，之后出现了一根大阳线或中阳线，且其收盘价要高于第一根阳线的收盘价。其趋势有点儿类似英文的"N"，如图4-21所示。

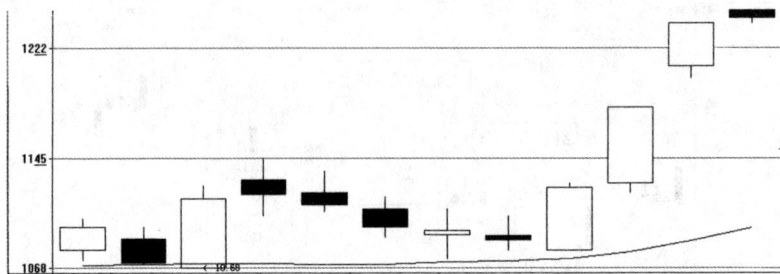

图 4-21 上升三法形态

上升三法表明下跌动能只是昙花一现，上涨动能再次夺取控制权，股价接下来仍会延续上涨走势。投资者要注意及时买入，如图4-22所示。

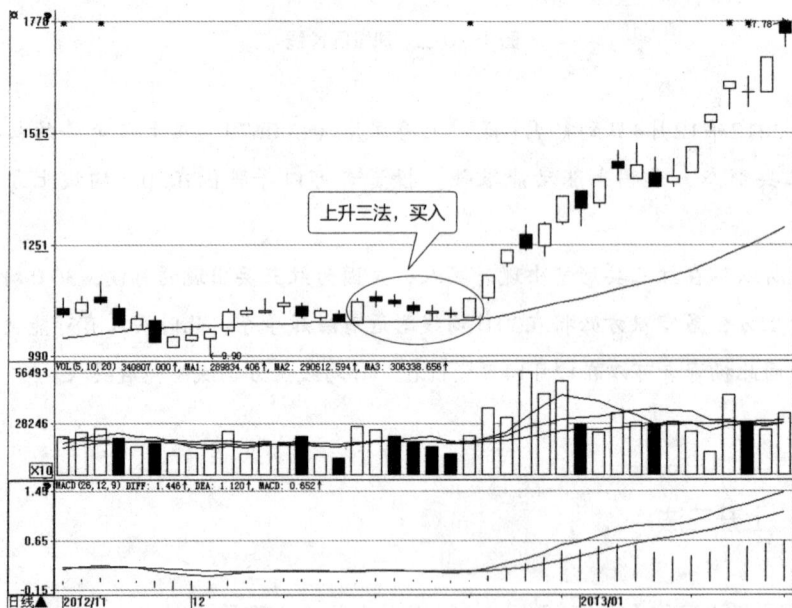

图 4-22 中航产融日 K 线

从2012年12月14日到12月24日，中航产融（600705）出现上升三法形态，投资者要注意及时买入，之后该股持续大涨。

3. K线的八个经典卖出形态

◎ 上吊线

上吊线实际上就是上涨走势中的锤子线。它在上涨走势中一旦出现，就表明本来多方占据优势的局面有较大可能被扭转，之后股价有可能出现下跌走势。

上吊线出现，投资者就要提高警惕，一旦后市股价下跌，就要注意短线卖出，如图4-23所示。

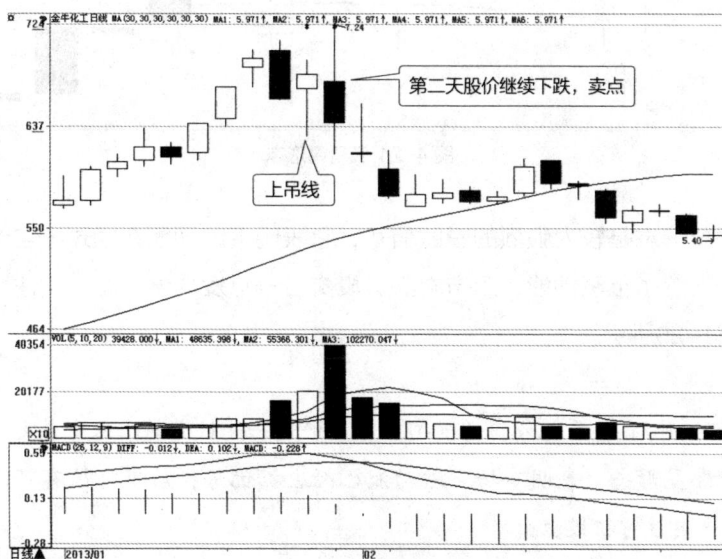

图4-23 金牛化工日K线

2013年1月24日，金牛化工（600722）在经过一波上涨走势后在高位出现上吊线，表明下跌动能较强。第二天，股价形成一根大阴线，投资者要注意及时卖出持股。

上吊线在走势图中极为常见，多与其他K线一起，构成K线看跌组合。

◎ 黄昏星

黄昏星形态与启明星正好相反，它出现在上涨走势途中，由3根K线组成。第一根是阳线，第二根是十字线，第三根是阴线。第三根K线实体深入到第一根K线实体之内，如图4-24所示。

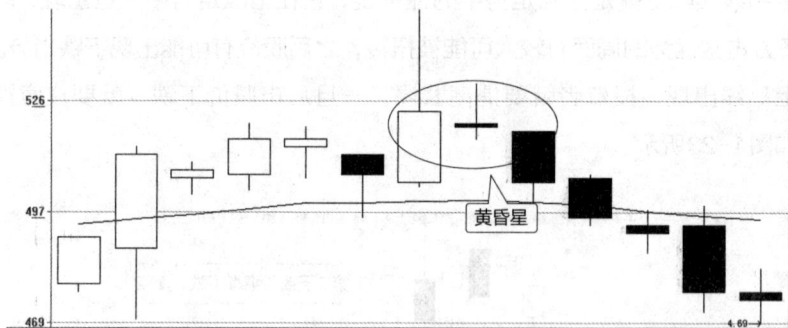

图4-24 黄昏星形态

黄昏星形态是较为强烈的看跌信号，它表明下跌动能在经过十字线的搏斗之后已经战胜了上涨动能，后市看跌。投资者一旦发现该形态，要注意及时卖出。如图4-25所示。

2013年3月7日，爱旭股份（600732）在经过一波较大的上涨走势之后，在顶部出现黄昏星形态，表明市场下跌动能已经占据优势，后市将很有可能出现下跌。投资者要注意积极卖出。

之后该股于3月28日跌破30日均线并持续下跌。没有卖出的投资者将损失惨重。

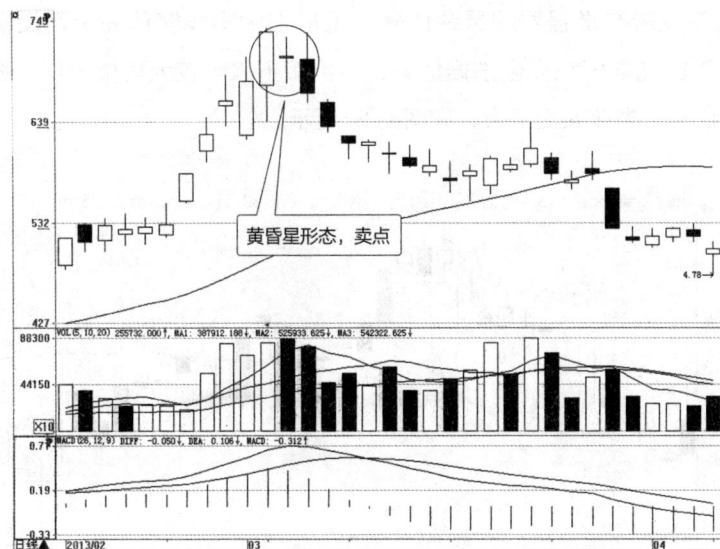

图4-25 爱旭股份日K线

实际上，黄昏星形态中间的K线除了十字星之外，还可以是小阴小阳线、锤子线等。

◎ 看跌吞没

看跌吞没出现上涨趋势中，由两根K线组成。第一根K线是实体较小的阳线，第二根K线是实体较长的阴线，且这根阴线的实体将前阳阴线的实体从上到下全部"吞没"，如图4-26所示。

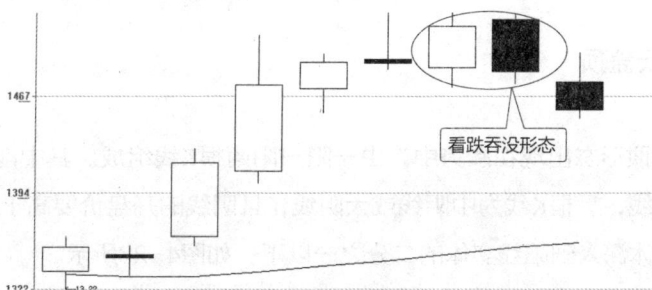

图4-26 看跌吞没形态

看跌吞没形态是强烈的看跌信号。该形态中阴线实体完全吞没了阳线实体，说明下跌动能已经完全占据优势，股价接下来有较大可能出现一波跌势。投资者要注意把握该卖出机会，如图4-27所示。

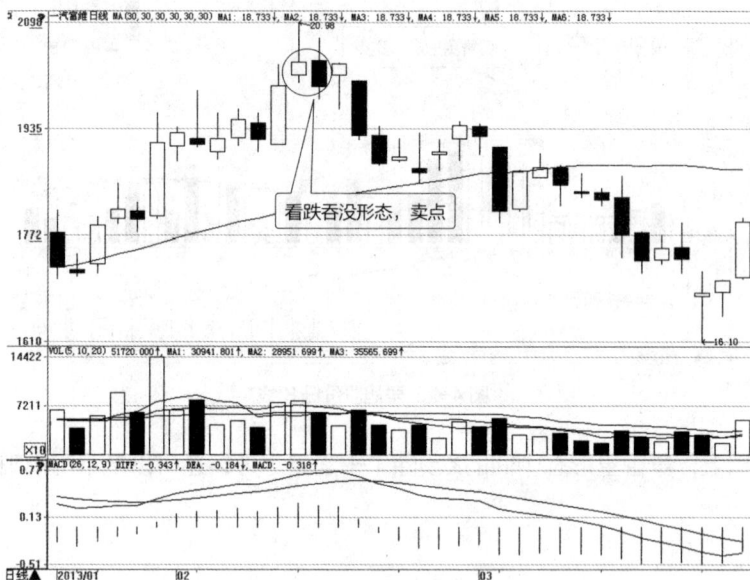

图 4-27 一汽富维日 K 线

2013年2月19日，一汽富维（600742）在上涨趋势中出现看跌吞没形态，表明股价即将下跌，投资者要注意把握该卖点。之后该股开始不断下跌，并于3月4日跌破30日均线。

◎ 乌云盖顶

乌云盖顶形态出现在涨势中，由一阳一阴两根K线组成。其中前根K线为中阳线或大阳线，后根K线为中阴线或大阴线，且阴线的开盘价要高于阳线的收盘价，阴线实体深入到阳线实体的二分之一以下，如图4-28所示。

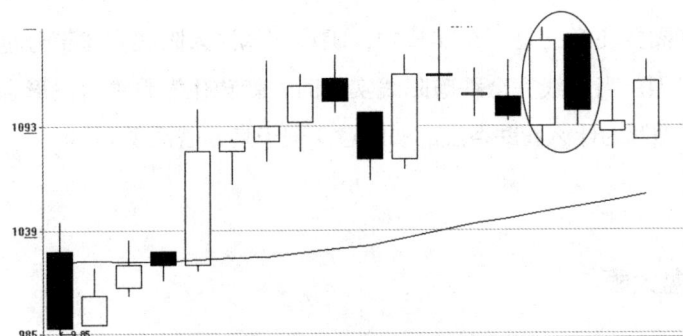

图 4-28 乌云盖顶形态

乌云盖顶表明在市场上涨动能急剧释放的同时，下跌动能突然而至并占据上风，之后股价有较大可能出现一波下跌走势。但其可靠性不如看跌吞没形态。投资者一旦见到该形态，就要引起注意，一旦后市股价继续下跌，就要短线卖出，如图4-29所示。

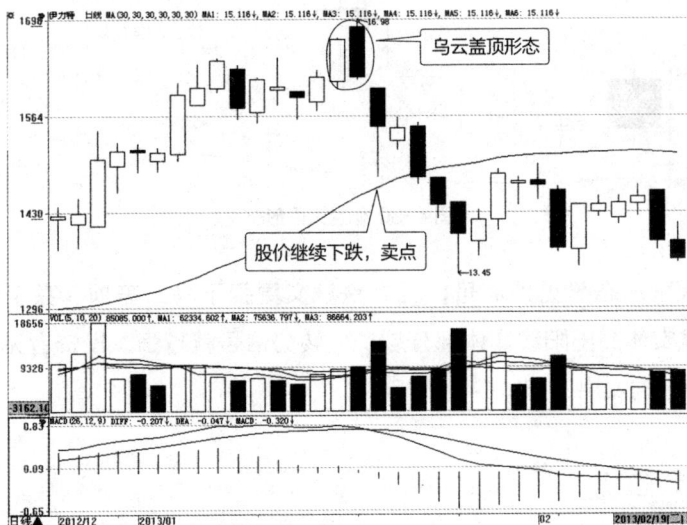

图 4-29 伊力特日 K 线

2013年1月21日，伊力特（600197）在经过一波上涨走势之后出现乌云盖顶形态，表明下跌动能占据优势。1月22日，股价继续大幅下跌，出现一根阴线，之后股价很快跌破30日均线，投资者要注意及时卖出。

投资者需要注意的是，在实战中，阴线实体深入阳线实体部分越多，转势信号就越强烈。当阴线完全跌破阳线实体时，就转化为看跌吞没形态。由此投资者就可以理解为什么看跌吞没的看跌意义强于乌云盖顶了。

◎ 倾盆大雨

倾盆大雨形态出现在股价上涨途中，由一阳一阴两根K线组成。与乌云盖顶形态类似，先是一根大阳线或中阳线，接着出现一根低开低收的大阴线或中阴线，即阴线的收盘价要低于前一根阳线的开盘价，如图4-30所示。

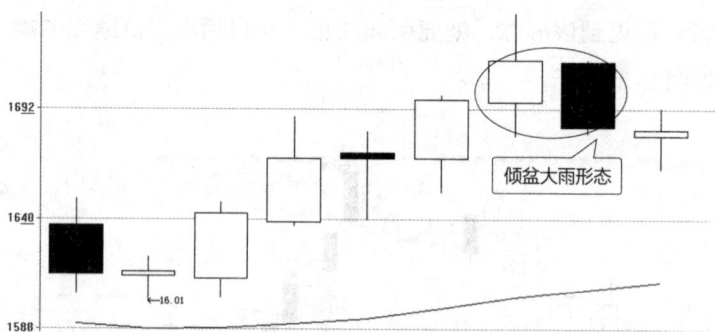

图4-30 倾盆大雨形态

倾盆大雨形态是见顶信号，且看跌意义更强于乌云盖顶，甚至强于看跌吞没。阴线实体高出阳线实体部分越多，转势信号就越强。投资者见到该信号后，要注意及时卖出，如图4-31所示。

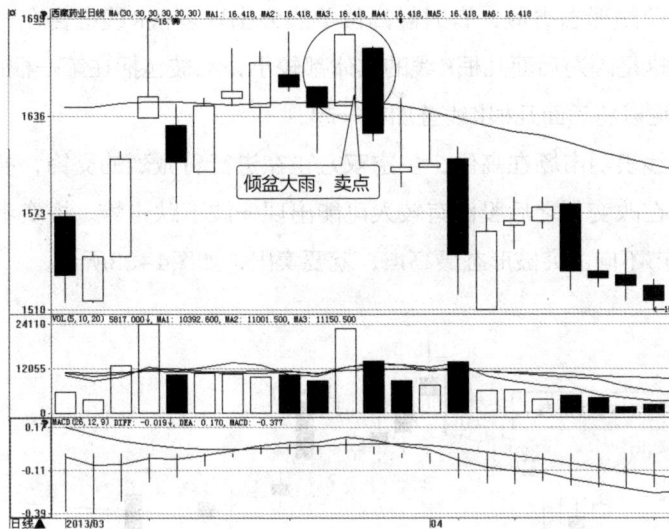

图 4-31 西藏药业日 K 线

2013年3月28日，西藏药业（600211）在经过一波上涨走势之后在30日均线上下出现倾盆大雨形态。这是比较明显的短线见顶信号，投资者可以卖出。

◎ 高位孕线

高位孕线出现在上涨走势中，由两根K线组成。第一根K线实体较长，第二根K线实体较小，且被包括在第一根K线的实体之内。两根K线的颜色没有限制，如图4-32所示。

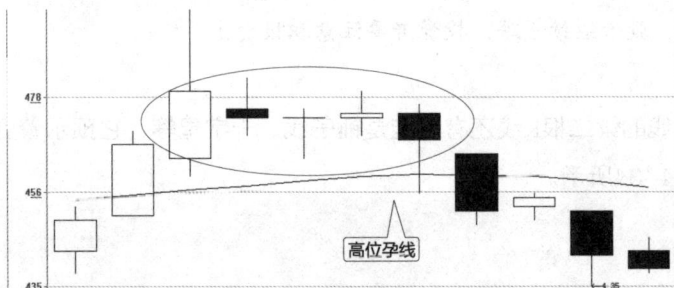

图 4-32 高位孕线形态

与低位孕线形态类似，有时候高位孕线会出现多根K线组合在一起的"孕育"形态，这是因为后面几根K线的实体都较小，都被包括在第一根K线的实体之内，因此可以将后面几根K线叠加在一起。

高位孕线表明市场在高位，多空双方正在进行着激烈的交锋，多方占据优势的局面正在改变，之后股价有较大可能出现一波下跌走势。投资者见到此形态，只要后市不向上突破形态最高点，就要卖出，如图4-33所示。

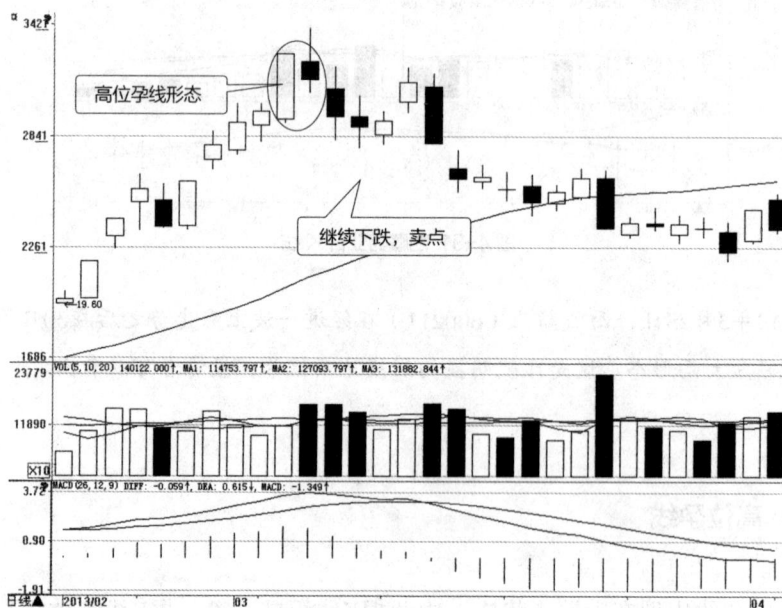

图4-33 返利科技日K线

2013年3月6日，返利科技（600228）在经过一波上涨走势后出现高位孕线形态。第二天，股价继续下跌，投资者要注意积极卖出。

高位孕线的第二根K线还有可能是锤子线、十字星等，它预示着更强的下跌动能，如图4-34所示。

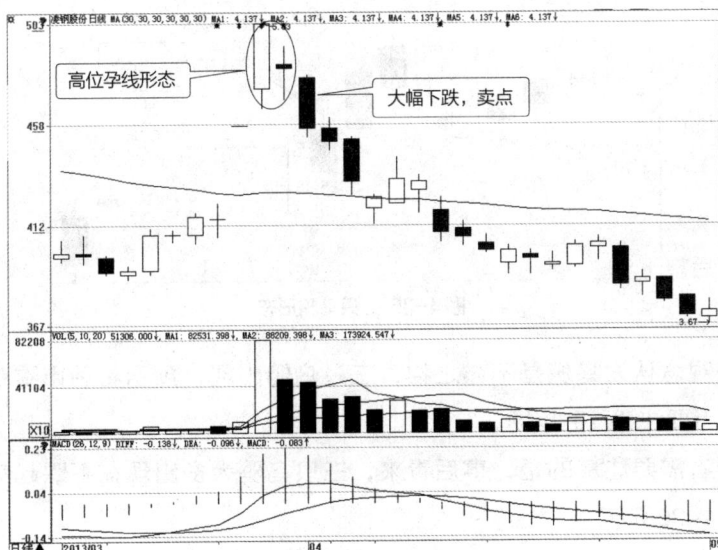

图 4-34 凌钢股份日 K 线

2013年3月27日、28日，凌钢股份（600231）连续两天涨停并大幅放量，显示出极强的上涨动能。但到3月29日，K线组合形成高位孕线形态，且当天K线是一个十字星形态，表明空方已经占据了主动。

4月1日，股价大幅下跌，投资者要注意果断卖出。之后该股持续下跌，几乎没有像样的回调，没有及时卖出的投资者将损失惨重。

短短几个交易日，凌钢股份大涨大跌，形成一波"四日游行情"，许多新手感到头晕。面对这种短期走势，K线组合往往能发挥特效作用。

◎ 三只乌鸦

三只乌鸦又称暴跌三杰，顾名思义是指在上涨走势中，连续出现的三根阴线所组成的K线形态。这三根K线多为大阴线或中阴线，且每次均以跳高开盘，最后以下跌收盘，如图4-35所示。

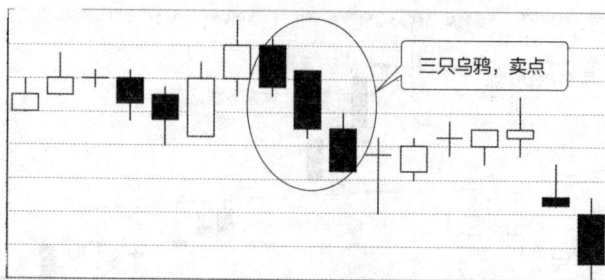

图4-35 三只乌鸦形态

传统观念认为乌鸦是不祥之物，三只乌鸦出现，预示着后市看跌意味深重，投资者要注意及时出场。

投资者需要注意的是，事后看来，三只乌鸦大多出现在下跌趋势启动之初，如图4-36所示。

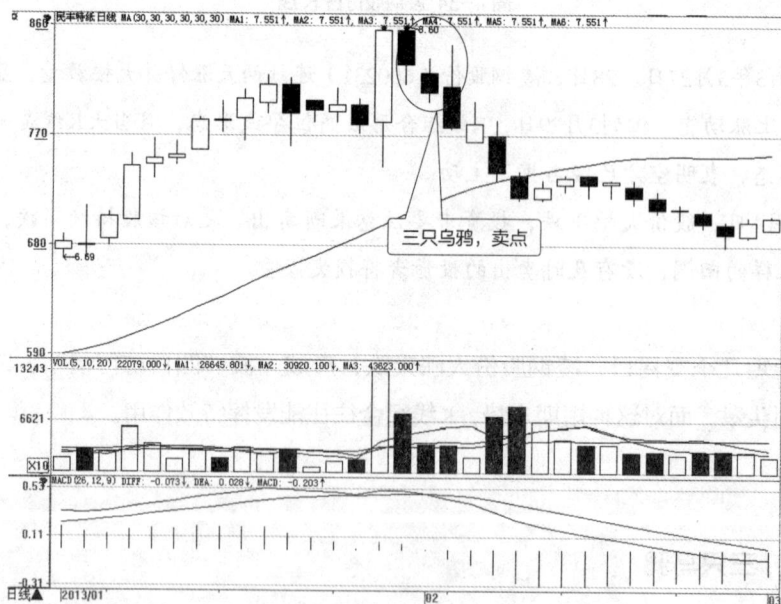

图4-36 民丰特纸日K线

2013年1月30日，民丰特纸（600235）突然出现天量涨停走势，但接下来的三个交易日里却形成了看跌意味浓厚的三只乌鸦形态，投资者要注意及时卖出持股。之后该股跌破30日均线并持续下跌。

◎ 下降三法

下降三法又称下跌三部曲，出现在股价下跌途中，由大小不等的五根K线组成。这五根K线中，第一根K线为大阴线或中阴线，接下来三根为小阳线（也可以有多根，也可以是小阴小阳线），但都没有向上突破前面第一根阴线的开盘价，之后出现了一根大阴线或中阴线，且其收盘价要低于第一根阴线的收盘价，如图4-37所示。

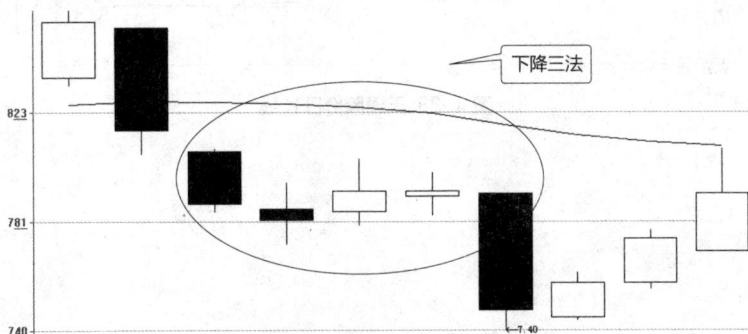

图4-37 下降三法形态

下降三法表明上涨动能只是昙花一现，空方再次夺取控制权，股价接下来仍会延续下跌走势。投资者要注意持币观望，不要随便入场，如图4-38所示。

从2012年11月8日到11月26日，天通股份（600330）出现下降三法形态，投资者要注意及时卖出。之后该股持续大跌。

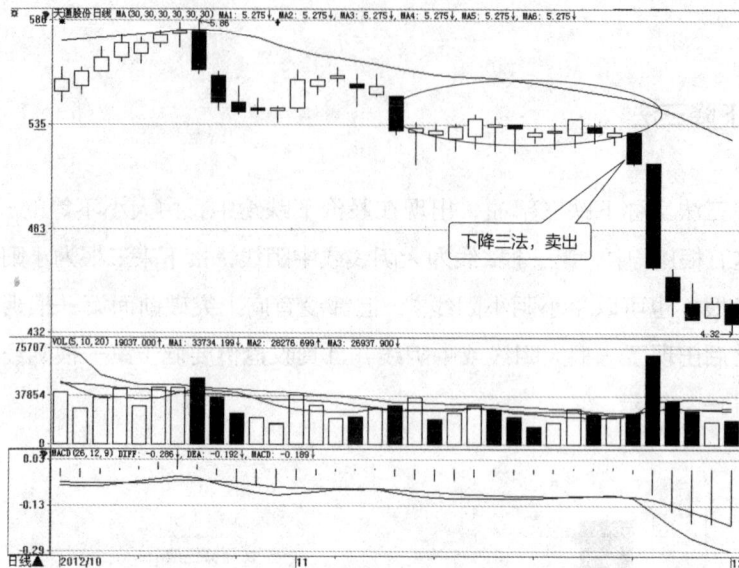

图 4-38 天通股份日 K 线

第五章
通过形态找买卖点

1. 五种底部反转形态及其买点

◎ 头肩底及其买点

反转形态是指股价改变原有的运行趋势所形成的运动轨迹。它存在的前提是市场原先确有趋势出现，而在反转形态之后，趋势改变了原有的方向。

反转形态具有如下几个明显的特点。

第一，规模越大，新趋势的市场动作也将越大。

反转形态的规模，包括空间和时间跨度，决定了随之而来的市场动作规模，也即，形态的规模越大，新趋势的市场动作也将越大。

第二，所需时间因所处位置不同而有所差别。

一般来说，在底部区域，市场形成反转形态需要较长时间，而在顶部区域，则经历的时间较短，但其波动性远大于底部形态。

第三，交易量具有重要作用。

反转形态能否最终得到彻底确认，成交量是一个重要的指标。特别是在底部反转形态中，股价由下跌趋势彻底转为上涨趋势，一般都要有成交量的确认。

头肩底形态是最为经典的看涨形态。其形成过程为：股价在构筑底部的过程中，先是跌至某低点后开始反弹，构筑"左肩"；之后继续下跌并创出新低，构筑"头部"；然后反弹后再次回落，但这次回落的低点高于"头部"位置，构筑"右肩"。将"左肩"与"右肩"的高点相连，就得到头肩底的颈线。股价在突破颈线后，意味着头肩底形态最终完成，如图5-1所示。

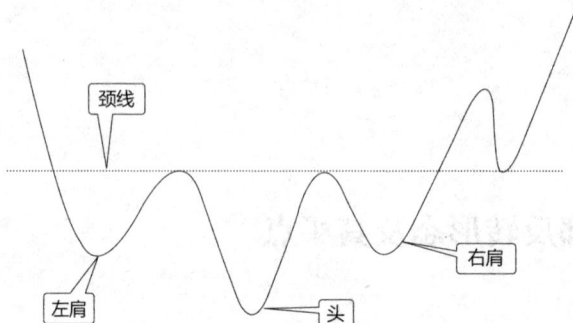

图 5-1 头肩底形态

头肩底形态的买点有一般有两个。

买点1：突破颈线时。

买点2：股价回抽确认时。但需要注意的是：当上涨动能极为强烈时，买点 2可能不会出现，如图5-2所示。

图 5-2 兰花科创日K线

从2010年5月下旬到9月下旬，兰花科创（600123）先是出现一波下跌趋势，之后反转向上，形成头肩底形态。

10月8日，股价放量向上突破头肩底形态颈线，表明上涨趋势基本形成，买点出现，投资者要果断买入。

◎ 双底及其买点

双底，也称"W底"，是指股价在下跌走势的后期，底部出现两个低点，这两个低点的价位大致相同，形态上类似一个"W"，即为双底形态。通过第一个底部之后的反弹高点，画一水平直线，就得到双底的"颈线"，如图5-3所示。

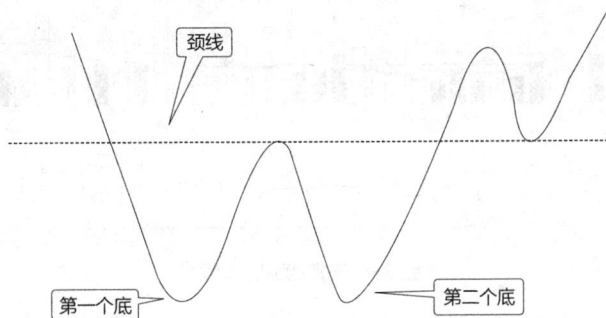

图 5-3 双底形态

股价在突破颈线位后，双底形态完成。很多时候，股价在突破颈线位后，在颈线位会有一个回抽动作。当股价在颈线位获得支撑并重新上涨的时候，说明双底形态得到最终的确认，底部基本构筑完毕。

需要注意的是，有些时候股价突破颈线位后，并没有回抽确认的过程，而是直接上涨。

因此，双底形态也有两个买点。

买点1：股价向上突破颈线时。

买点2：股价回抽确认时（第二个买点也有可能不会出现），如图5-4所示。

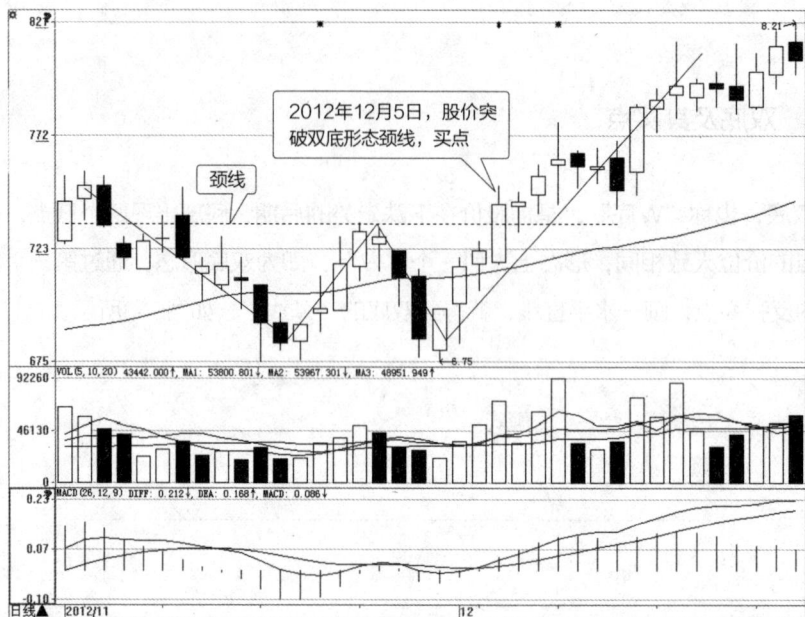

图 5-4 天富能源日 K 线

从2012年11月下旬，天富能源（600509）在一波下跌趋势的后期形成双底形态，预示着底部已经积聚了较强的上涨动能。

2012年12月5日，股价向上放量突破颈线，买点出现，投资者要注意积极买入。

◎ 三重底及其买点

三重底，顾名思义是指股价在形成底部的过程中，连续三次在某个低点位置回升所成的底部反转形态。也就是在双底的基础上，股价多了一个再次反弹、再次探底的过程，形成了三个底部低点。将中间两次反弹的高点进行连接，就得到三重底的颈线，如图5-5所示。

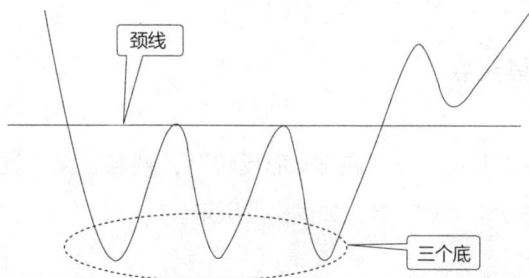

图5-5 三重底形态

　　股价在突破颈线位后，三重底形态完成。与双底一样，股价往往会在颈线位有一个回抽动作。当股价在颈线位获得支撑并重新上涨时，就说明三重底形态完全成立，本次底部得到确认。需要注意的是，与双重底类似，有些时候股价突破颈线位后，并没有在颈线位回抽确认的过程，而是直接向上。

　　三重底的抄底方法与双底相似，都是在股价"突破颈线"和"回抽确认"的时候，两个买点先后出现（注意买点2有时不会出现），如图5-6所示。

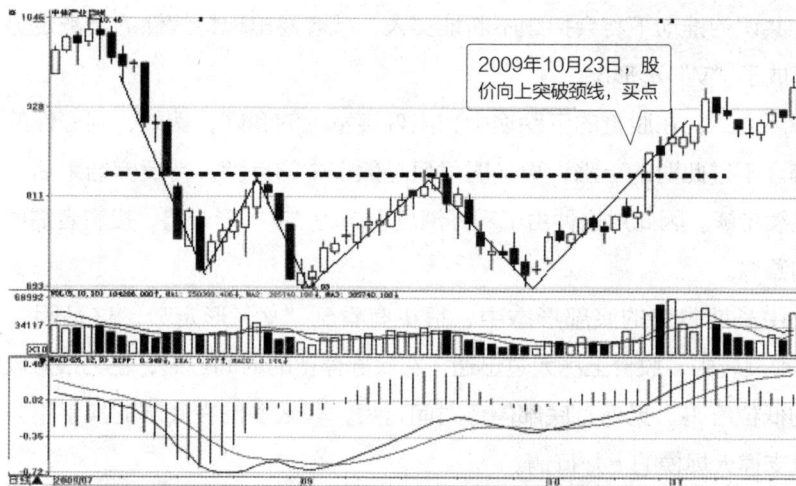

图5-6 中体产业日K线

　　从2009年7月到10月，中体产业（600158）在经历一波下跌趋势后不断震荡，形成三重底形态。10月23日，股价向上突破三重底形态颈线，买点出现。

◎ V形底及其买点

V形底，又名"尖底"或"底部V形反转"，顾名思义，就是股价在底部突然反转向上，就像一个"V"字，如图5-7所示。

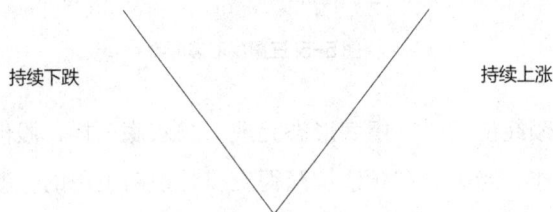

持续下跌   持续上涨

图 5-7 V形底形态

股价出现"V"形反转，一般有以下两个原因。

原因之一，在市场恐慌性气氛影响下，股价持续下跌，已经出现严重的超卖现象，或者此时股票已经极具投资价值。因此股价一旦开始反转，各路资金在这种共识的推动下将会持续不断地买入，就容易出现持续性的上涨走势，这样就形成了"V"形形态。

原因之二，在股价的下跌途中，出现突发性的利好，例如，利好性的行业政策等。不过此时的上涨，更多时候只是熊市中的反弹。待反弹结束后，股价仍将继续走熊。因此对这种由于利好消息引起的"V"形走势，投资者需要保持一定的警惕。

在中长期走势的底部形态中，很少有看到"V"形走势。这是因为，在"V"形反转中，股价上涨太过迅速，在底部停留的时间过短，主力很难收集到足够的低位筹码。另外，底部停留时间过短，导致多空在底部的换手不充分，也难以支撑大规模的上升行情。

与中长期走势相反，熊市中的反弹行情，大多数呈现"V"形走势。因为这时主力以出货为主，并不需要进行低位建仓。因此主力往往快速拉高股价，吸引买盘入场，自己则趁机大肆派发。此时市场上往往一片"V形反转"的呼声，可实际上往往成为忽悠投资者入场接货的陷阱。

因此"V"形走势不仅不好把握，而且风险较大。投资者在看到"V"形走势时，不要因为股价连续上涨就急于入场，而应结合下面两个因素进行冷静分析。

因素一：超跌加利好。

如果股价已经严重超跌，且距离上方套牢区很远，同时又出现突发性重大利好，此时投资者可以第一时间积极入场。不过需要注意的是，此时投资者仍然以抢反弹来对待，一旦股价走弱就及时退出。如果后续走势继续保持强势，中期上涨趋势得到确认，届时投资者再以中线的思路入场买入，如图5-8所示。

图5-8 万年青日K线

在2008年的大熊市中，万年青（000789）的股价持续下跌，尤其是在2008年10月下旬，股价连续下跌，技术指标超卖严重。11月5日，国务院出台4万亿刺激内需计划，对水泥建材板块构成重大利好，万年青开始连续上涨，K线形态构筑了一个"V"形反转，并顺利放量突破30日均线。当出现这种股价超跌、重大利好的情况时，投资者应在第一时间积极买入。

因素二：超跌、利好二者只有其一。

如果股价在严重超跌后，自然而然地出现"V"形走势，或者没有出现严重超跌，仅仅是由于政策利好导致的突发性上涨，那么此时投资者不应急于入场，而应注意观察后续走势。如果后续走势持续保持强势，那么"V"形反转基本成立，投资者可以进行买入操作，如图5-9所示；如果后续走势偏软，那么投资者应继续观察，不可草率入场，此处很可能仅仅是个反弹行情，如图5-10所示。

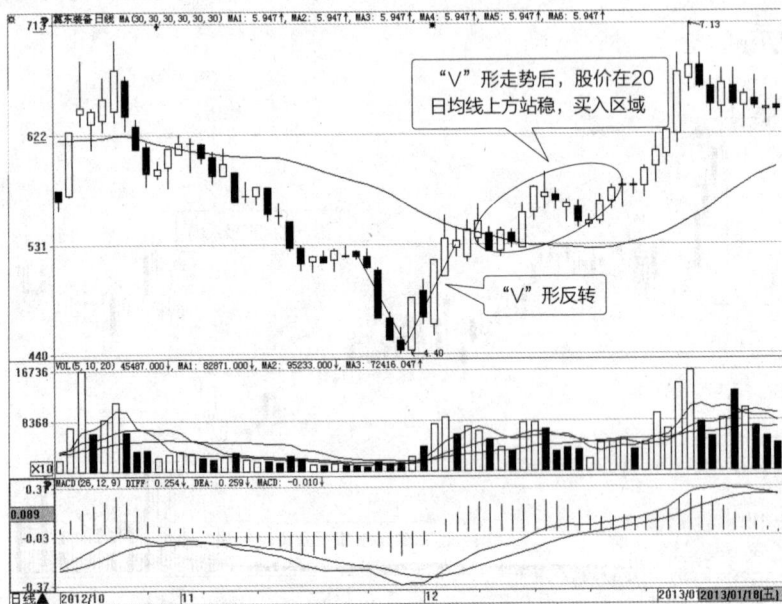

图5-9 冀东装备日K线

如图5-9所示，2012年11月底12月初，冀东装备（000856）在严重超跌之后出现"V"形走势。由于这波上涨走势出现得较为突然，因此投资者不应急于入场，而应注意观察后续走势。

之后，股价顺利突破30日均线并在均线上方站稳，表明上涨动能较为强大。当股价在30日均线上方震荡时投资者可以伺机买入。

如图5-10所示，2011年10月下旬，万邦德（002082）在下跌趋势中突然出现"V"形走势。但因为走势太过突然，同时市场仍处于下跌趋势中，因此投资者可以暂时观望。

之后，股价虽然暂时向上突破30日均线，但很快就再次向下，表明市场下跌动能仍然很强，市场有较大可能延续原来下跌趋势。投资者要注意不能草率入场。

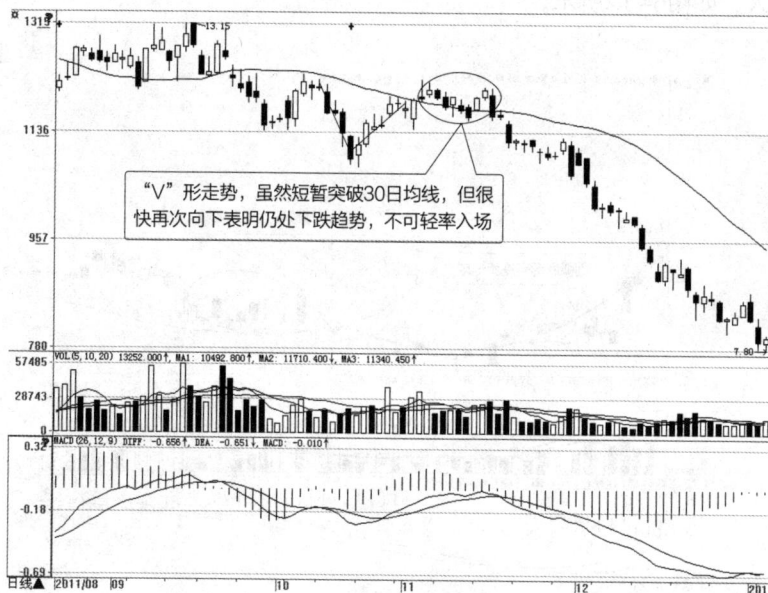

图 5-10 万邦德日 K 线

◎ 圆弧底及其买点

圆弧底，也叫"碗形底"，是指股价在下跌过程中，跌速越来越慢，而当股价开始反转向上时，上涨速度也呈现由慢到快的趋势，最终形成一个类似圆弧一样的底部，如图5-11所示。

图 5-11 圆弧底形态

　　圆弧底并不常见，一旦出现，后面的升势往往比较猛烈。同时，圆弧底也是较难把握的一种底部形态。投资者可以在形态初步呈现、股价逐步攀升时就开始买入，如图5-12所示。

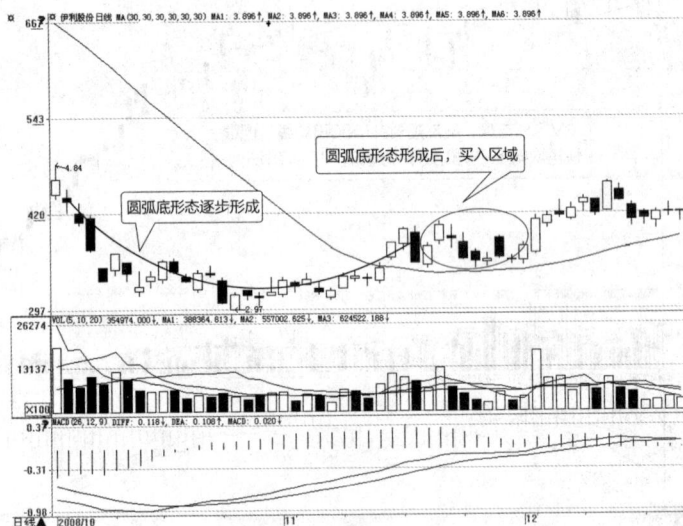

图 5-12 伊利股份日K线

　　从2008年10月初到11月初，伊利股份（600887）在底部缓缓下跌之后开始缓缓上升，形成圆弧底形态。投资者可以在圆弧底形态形成之后逐步买入。

　　有时圆弧底形态完成后，股价并没有立即上涨，而是出现一个震仓洗盘动作，这个过程在形态上很像"碗形底"的"碗柄"。此时投资者不要恐慌，在没有跌到前期"碗底"的情况下，应耐心持股，甚至可以待洗盘结束后适时加仓。

2. 五种顶部反转形态及其卖点

◎ 头肩顶及其卖点

头肩顶形态是最为经典的看跌形态，其他各种看跌形态几乎都可以说是它的某种变形。它是指股价在构筑顶部过程中，共形成三个高点，就像人的头部和肩部一样，中间的头部最高，两侧左右肩的价位基本相同。将"左肩"低点与"右肩"低点进行连线，就得到了头肩顶的颈线，如图5-13所示。

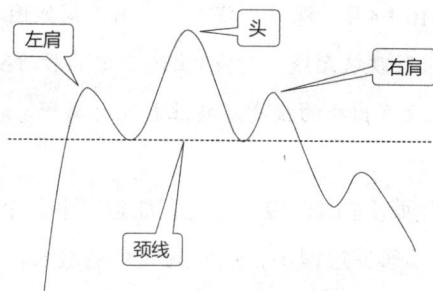

左肩　头　右肩

颈线

图 5-13 头肩顶形态

当股价跌破颈线位置时，头肩顶形态成立。当股价在颈线位置进行回抽之后，头肩顶形态得到正式确认。

头肩顶形态表明下跌趋势基本形成，其卖点有两个：突破颈线时和反弹确认时（有时候第二个卖点不出现），如图5-14所示。

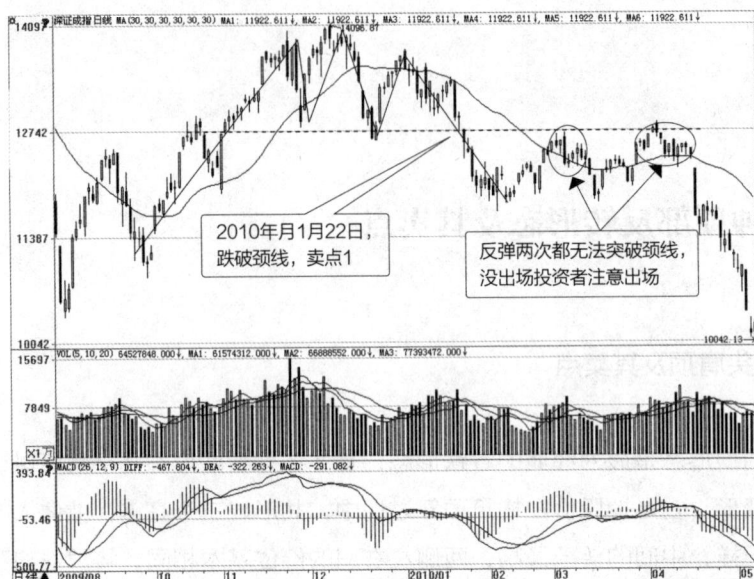

图 5-14 深证成指日 K 线

从2009年10月到2010年4月，深证成指（399001）周线图中出现头肩顶形态。

2010年1月22日，该股跌破颈线，卖点1出现。之后股价3次反弹，都受到颈线的阻力作用而向下，还没有出场的投资者要注意及时离场。

在实战中运用头肩顶形态时，投资者还要注意以下几个关键点。

关键点1：在头肩顶形成过程中，左肩的成交量最大，头部的成交量次之，右肩的成交量则最小。也即成交量呈递减现象。它说明股价上升时上涨动能越来越弱，股价有涨到头的意味。

在其他顶部反转形态中，成交量基本也遵循同样的规律。

关键点2：实战操作中，对一些警惕性特别高的人来说，当某一股价形成头肩顶雏形时，就要引起高度注意，这时股价虽然还没有跌破颈线，但可先卖出手中的一些筹码，将仓位减轻，日后一旦发觉股价跌破颈线，就将手中剩余筹码全部卖出，退出观望。

这些人，就是俗称的总是"先人一步"的交易者。

关键点3：上涨时要放量，但下跌时成交量既可放大也可缩小。对头肩顶形态来说，先是用很小的量击破颈线，然后再放量下跌，甚至仍旧维持较小的量往下滑落也是常有的事。

关键点4：头肩顶对多方杀伤力度大小，与其形成时间长短成正比。

◎ 双顶及其卖点

双顶形态又称"M头""双重顶""双头""M顶"等。当股价在上涨过程中，两次到达同一个价格区域后，均出现回落，形成两个高点，K线走势上就会形成一个"M头"形态。在两个高点之间的回落低点，画一条水平直线，就构成双重顶的颈线，如图5-15所示。

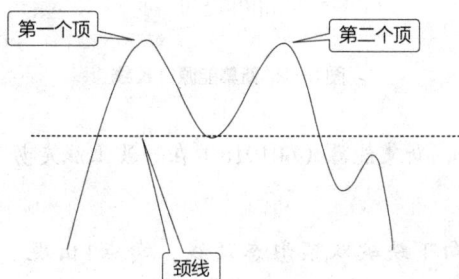

图 5-15 双顶形态

股价在跌破颈线位后，双顶形态正式完成。很多时候，股价在跌破颈线位后，在颈线位会有一个回抽动作。当股价在颈线位遇到阻力并继续下跌的时候，说明双顶形态得到最终确认，顶部构筑基本完毕，下跌趋势彻底得到确认。

需要注意的是，与所有的"突破"或者"跌破"走势类似，有时股价在跌破颈线位后，并没有回抽确认的过程，而是直接继续下跌。

因此，在双顶形态中，有两个卖点，需要投资者注意把握。

卖点1：股价跌破双顶的颈线位置时。

卖点2：跌破颈线后，股价在颈线位置进行回抽确认时。此时双顶形态得到最终确认，投资者应立即行动，进行清仓操作。卖点2有时可能不会出现，如图5-16所示。

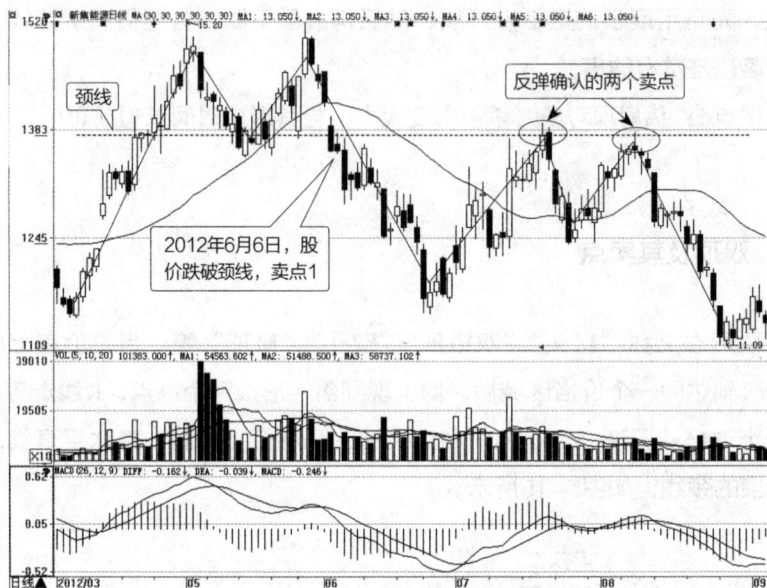

图 5-16 新集能源日 K 线

2012年4月到6月，新集能源（601918）在一波上涨走势后期开始反转向下，形成双顶形态。

6月6日，股价向下跌破双顶形态颈线，卖点1出现。之后股价反弹，在受到颈线的阻力作用之后再次向下，形成另外两个卖点。投资者要注意及时出场。

◎ 三重顶及其卖点

三重顶形态，是指股价在上涨过程中，连续三次在同一个价格区域遇阻回落，形成了三个高点。将中间的两个回落低点进行连线，就得到三重顶的颈线，如图5-17所示。

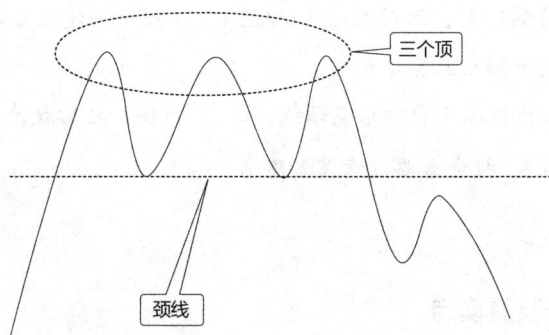

图 5-17 三重顶形态

与双重顶一样，当股价跌破颈线时，形态构筑完成。当股价对颈线完成反弹确认后，顶部形态得到最终确认。

与双顶一样，三重顶也同样有两个卖点。

卖点1：股价跌破颈线时，此时三重顶形态基本成立。

卖点2：股价跌破颈线后，在颈线位置进行回抽确认时，如图5-18所示，此时三重顶形态得到最终确认。卖点2可能不会出现。

图 5-18 海航控股日 K 线

从2010年10月到12月，海航控股（600221）在经历一波上涨趋势之后，经过震荡开始下跌，逐渐形成三重顶形态。

12月28日，股价跌破三重顶形态颈线，卖点1出现。之后股价反弹，受阻后再次向下，形成卖点2，投资者要注意果断离场。

◎ 倒V字形及其卖点

倒V字顶又称尖顶，其形成过程较为快速。在走势中，股价先是连续上涨，当涨至某价位后，或是由于重大利空，或是主力开始集中卖出，致使股价突然反转，开始连续下跌。其K线形态非常像一个倒置的"V"字，即为倒V字形，如图5-19所示。

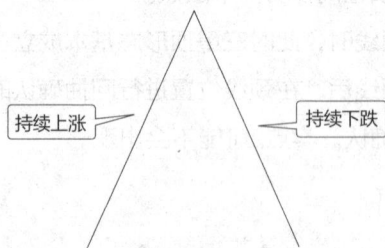

持续上涨　　持续下跌

图5-19 尖顶形态

尖顶形态一般多出现在市场炒作气氛非常浓厚、投资者普遍看多的时候。这种突然的转折，往往令投资者措手不及，来不及做出正确的卖出反应。

尖顶走势的卖点，比较难以把握，这是由于在尖顶形态中，股价到顶后的转折非常突然，下跌速度往往很快，在下跌的初段反弹很少。在这种顶部走势中，投资者没有充裕的时间来进行判断和分析。

为避免失去顶部卖出的机会，又不会过早卖出而踏空后面的行情，投资者可以采取分批卖出的策略，来应对这种暴涨暴跌的顶部走势，如图5-20所示。

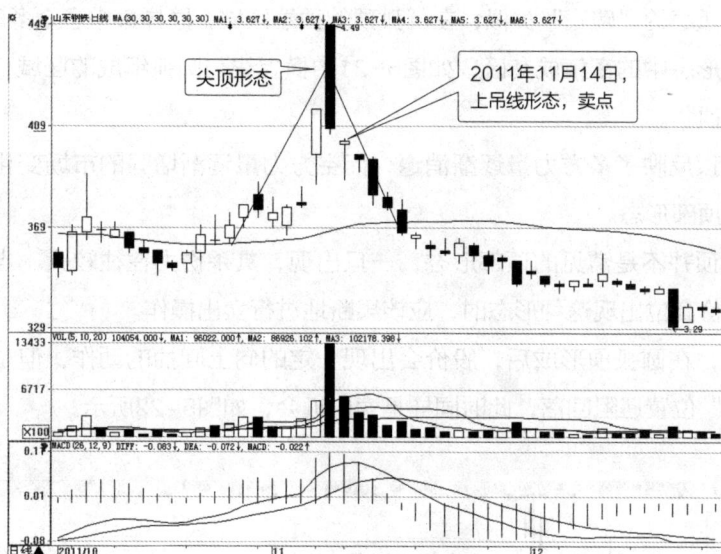

图 5-20 山东钢铁日 K 线

2011年11月中旬，山东钢铁（600022）突然出现尖顶形态。11月14日，大阴线之后出现上吊线，投资者要注意及时离场。

◎ 圆弧顶及其卖点

圆弧顶，也称"锅盖顶"，其K线的走势与圆弧底正好相反。股价在上涨过程中，涨速越来越慢，并开始逐渐反转向下，随后下跌速度逐渐加快，最终形成一个呈圆弧形状的顶部，即为圆弧顶走势，如图5-21所示。

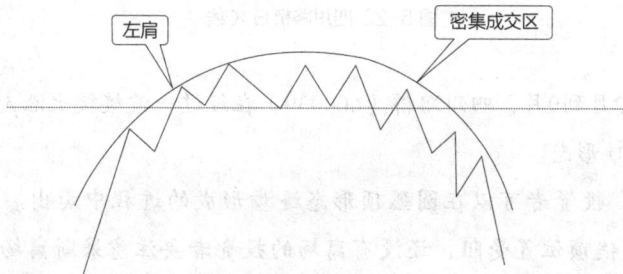

图 5-21 圆弧顶形态

与圆弧底的"碗底"类似，在圆弧顶的顶端区域，同样集中了众多的K线，是圆弧顶形态中的密集成交区，如图5-21中横虚线与圆弧组成的区域，可以称之为"锅顶"。

圆弧顶反映了多方力量逐渐消退，而空方力量逐渐增强的市场变化，是一种可靠的顶部形态。

圆弧顶并不是常见的顶部形态，一旦出现，其杀伤力往往较大。当投资者发现在股价高位出现这种形态时，应该果断地进行卖出操作。

有时，在圆弧顶形成后，股价会出现一定的向上回抽的动作，但是往往会在"锅顶"位置遇阻回落，此时同样是卖出机会，如图5-22所示。

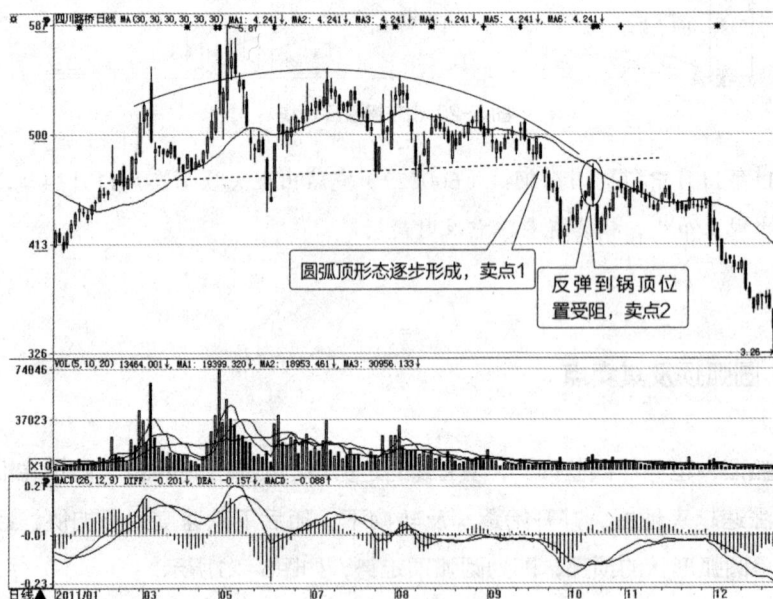

图 5-22 四川路桥日K线

从2011年2月到9月，四川路桥（600039）在经过一波缓缓上涨走势后开始向下，形成圆弧顶形态。

9月26日，投资者可以在圆弧顶形态逐步形成的过程中卖出。之后，股价反弹向上，在锅顶位置受阻，还没有离场的投资者要注意果断离场，否则将损失较大。

3. 四种整理形态及其买卖点

◎ 三角形整理形态及其买卖点

整理形态，意思是暂时的休整，待该形态完成后，股价仍将延续整理形态之前的趋势方向。就好像人走累了，需要休息一下，休息完后继续赶路。也就是说，牛市中的整理形态完成后，股价仍将继续上涨；熊市中的整理形态完成后，股价仍将继续下跌。

整理形态具有很强的欺骗性。牛市中的整理过程，常常让投资者误以为牛市结束而过早卖出。熊市中的整理形态，常常让投资者误以为熊市结束而过早买入。清楚地识别这些不同的整理形态，投资者就可以尽量避开这种陷阱，实现牛市中不被清洗出局、熊市中不被诱骗入场的目的。

比较常见的整理形态，有三角形整理、旗形整理、矩形整理和楔形整理四种。不论何种形态，其买卖点都有着共同的把握原则，就是形态的"突破买（卖）点"和"回抽（反弹）确认买（卖）点"。

三角形整理形态指股价在整理过程中，将高点和低点分别进行连线后，两条线虽然方向不同但能够最终相交，很像三角形的两条边，因此称为"三角形整理形态"。

三角形整理形态通常分为上升三角形、下降三角形、收敛三角形三种，有的书中分类方法更多。

三角形整理形态的买点出现在上涨趋势的回调（此回调走势以三角形整理形态呈现）末期，一般有两个。

买点1：股价突破三角形上边线。

买点2：股价突破之后回抽确认。

三角形整理形态的卖点出现在下跌趋势的反弹（此反弹走势也以三角形整理形态呈现）末期，一般有两个。

买点1：股价跌破三角形下边线。

卖点2：股价跌破下边线之后的反弹确认。

如图5-23和图5-24所示。

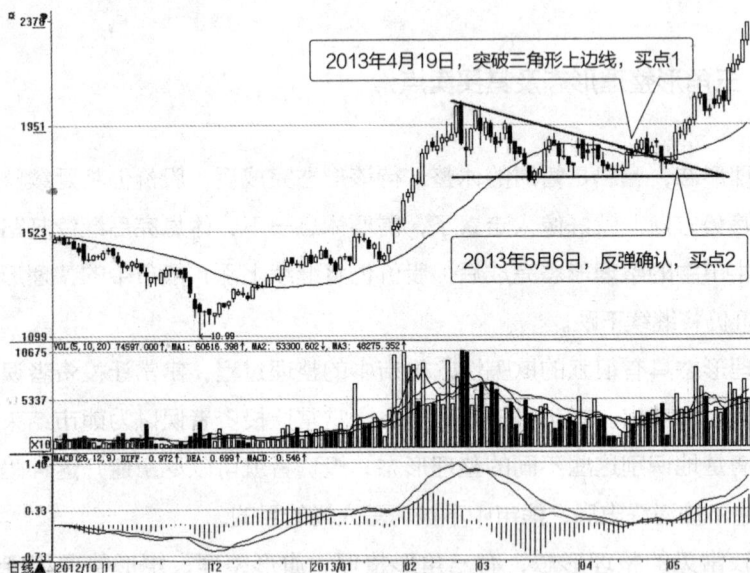

图 5-23 生物股份日 K 线

从2012年12月到2013年5月，生物股份（600201）持续上涨。但该股在保持整体上涨趋势的同时，从2013年2月底到4月底出现了持续整理形态。

可以明显看出，该持续整理形态以三角形形态呈现，持续了2个月。4月19日，买点1出现；5月6日，买点2出现。投资者要注意把握。

从2011年12月到2012年9月，振华重工（600320）整体上处于下跌趋势中。

2011年12月底到2012年6月初，股价出现了反弹，形成三角形整理形态。2012年6月20日，股价跌破三角形下边线，卖点出现。

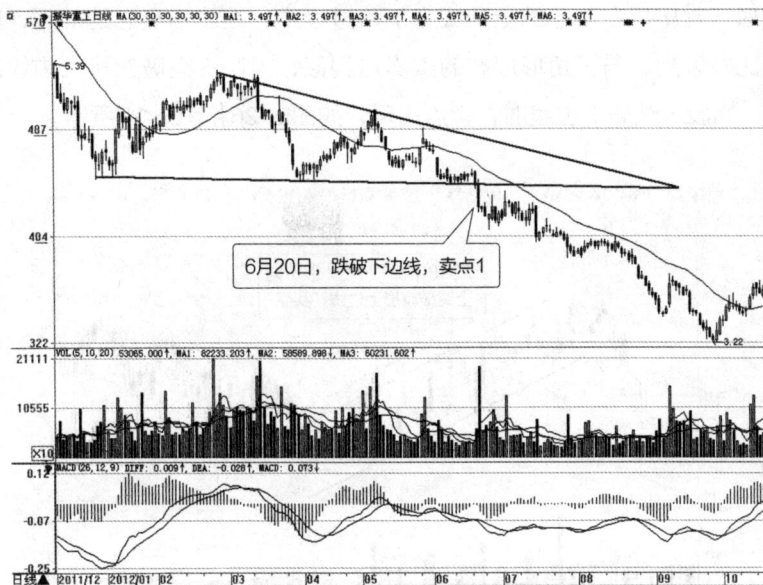

图 5-24 振华重工日 K 线

◎ 旗形整理形态及其买卖点

旗形整理形态，是指股价在整理过程中，将高点和低点分别进行连线后，两条线呈现向上或者向下倾斜的平行形态，和此前的上升或者下跌走势连在一起，很像一面旗帜，因此称为"旗形"。

在升势中出现，形态向下倾斜的旗形称为"上升旗形"；在跌势中出现，形态向上倾斜称为"下降旗形"，如图5-25所示。

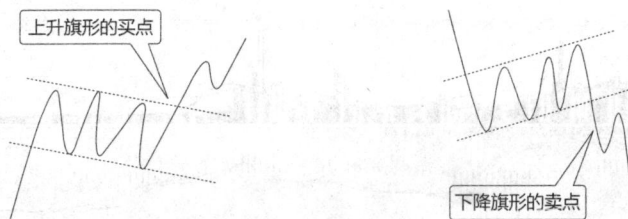

图 5-25 旗形形态

旗形通常出现在急速的上升或者下跌过程中，在旗形形态的前后，股价波动通常比较剧烈。与三角形形态的买卖点类似，当股价突破旗形上边线时，买点出现；当股价跌破下边线时，卖点出现，如图5-26和图5-27所示。

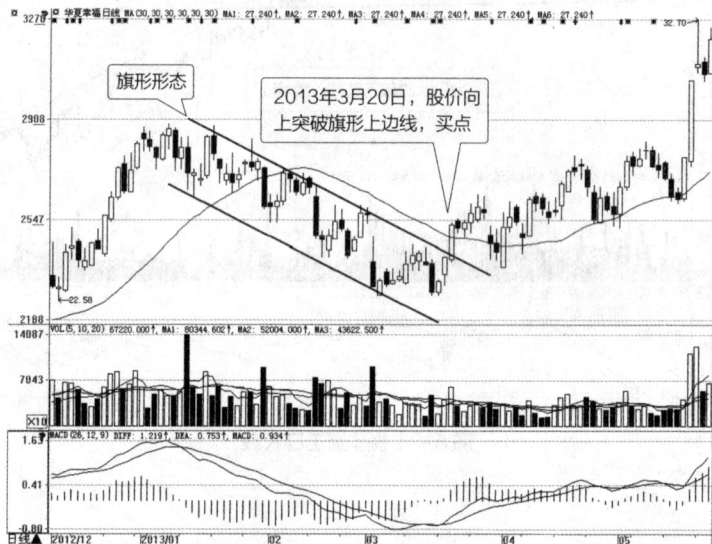

图 5-26 华夏幸福日 K 线

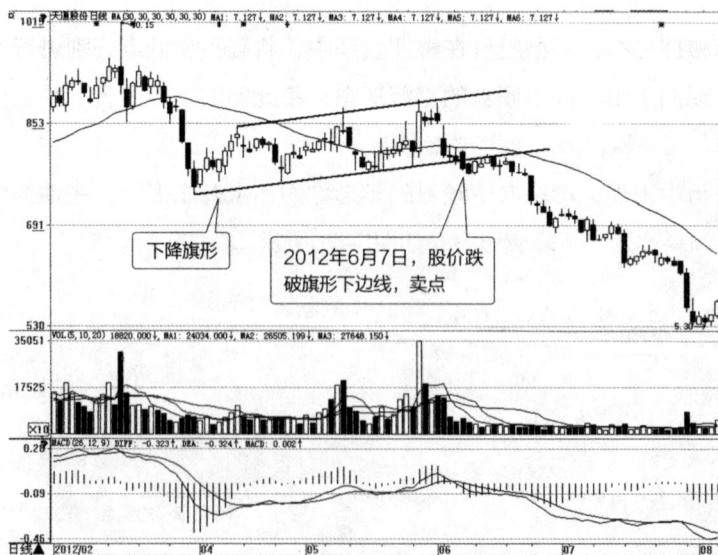

图 5-27 天通股份日 K 线

2013年1月到3月，华夏幸福（600340）在上涨趋势中冲高回落，以旗形形态不断震荡。

3月20日，股价向上突破旗形上边线，表明经过蓄势后，股价再次延续原来的上涨趋势，投资者要注意及时买入。

从2012年3月开始，天通股份（600330）在下跌趋势中开始向上反弹，形成一波震荡走势，并以下降旗形形态呈现出来。

2012年6月7日，股价跌破旗形下边线，表明下跌动能经蓄势后再次占据优势，股价将延续原来的下跌趋势。还没有出场的投资者要注意果断卖出。

◎ 矩形整理形态及其买卖点

矩形整理形态，是指股价呈现横向的上下波动，将高点和低点分别进行连线后，就形成一个水平的矩形形态，如图5-28所示。

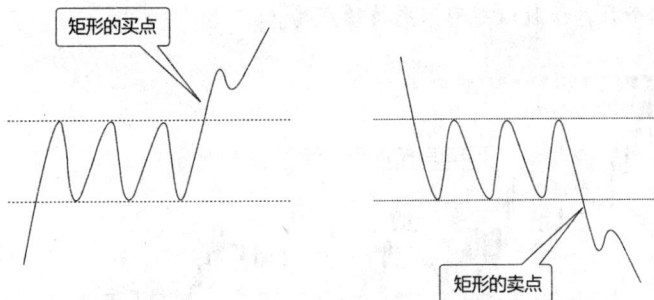

图5-28 矩形形态

当股价向上突破矩形的上边线时，买点出现；当股价向下跌破矩形的下边线时，卖点出现，如图5-29和图5-30所示。

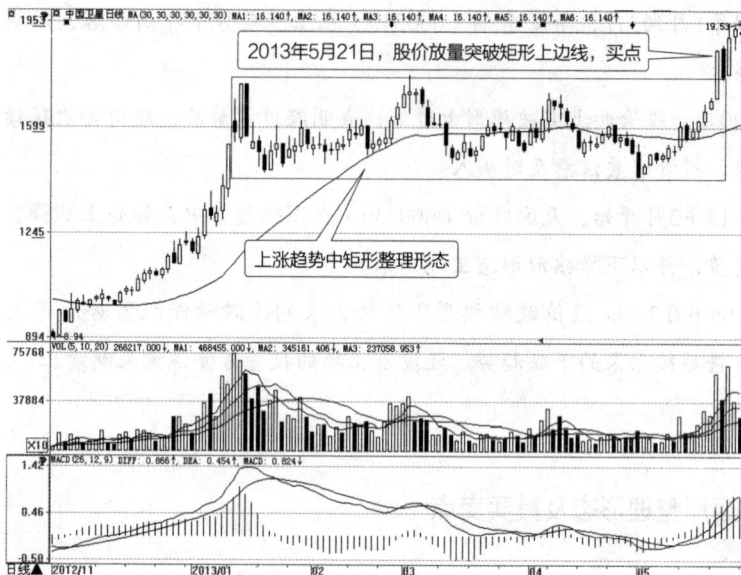

图 5-29 中国卫星日K线

从2013年1月中旬开始，中国卫星（600118）的股价经过一波上涨趋势后开始回调。之后4个月，该股以矩形形态持续震荡。

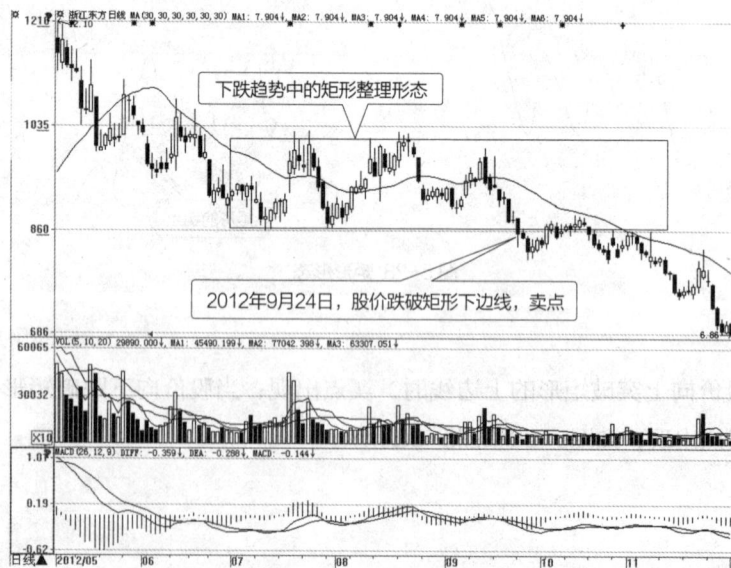

图 5-30 浙江东方日K线

5月21日，中国卫星放量突破矩形上边线，表明股价经过盘整蓄势后，将延续原来的上涨趋势，投资者要注意及时买入。

从2012年7月开始，之前一直处于下跌趋势中的浙江东方（600120）开始进入盘整状态并以矩形整理形态呈现。

9月24日，股价跌破矩形整理形态下边线，表明下跌动能再次占据优势，股价将延续原来的下跌趋势，投资者要注意及时卖出。

◎ 楔形整理形态及其买卖点

楔形整理形态，就是指股价在整理过程中，将高点和低点进行连线后，两条线的方向相同，但角度逐渐收敛，就像一个楔子一样。股价逐步升高的楔形整理形态，称为"上升楔形"；股价逐步下降的楔形，称为"下降楔形"，如图5-31所示。

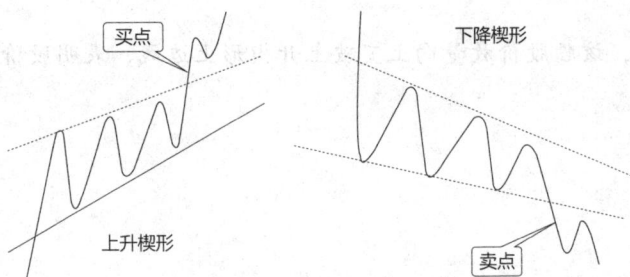

图 5-31 楔形形态

与三角形形态一样，楔形形态的股价走势同样是逐渐收敛的。两者的不同之处在于，楔形的上下两条边线的方向相同，而三角形的上下两条边线的方向并不一致。

不论是上升楔形，还是下降楔形，在牛市或者熊市中均有可能出现。其形态完成后，股价往往会沿着形态之前的方向运行，不过有时也会出现反转走势。因此，投资者应等楔形形态完成后，如果股价突破上边线，则进行买入操作；如果股价跌破下边线，则进行卖出操作，如图5-32所示。

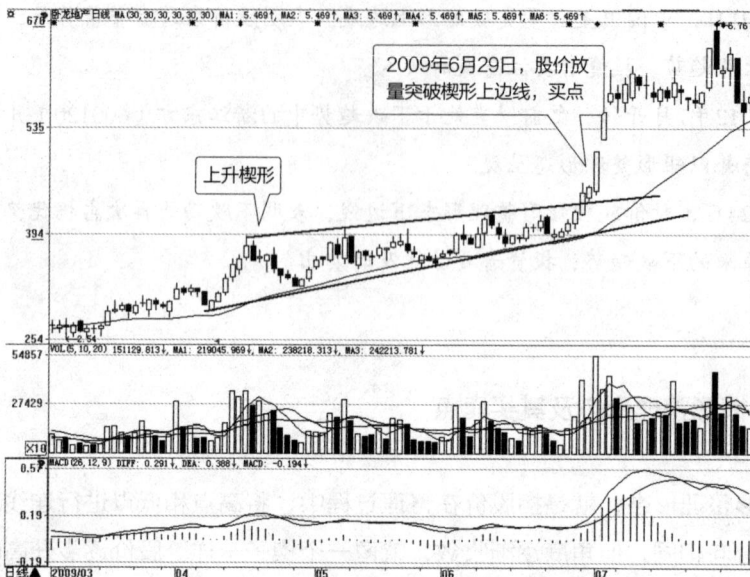

2009年6月29日，股价放
量突破楔形上边线，买点

上升楔形

图 5-32 卧龙地产日 K 线

从2009年4月到6月，卧龙地产（600173）以上升楔形的方式缓缓向上，表明
上涨动能较强。

6月29日，该股股价放量向上突破上升楔形上边线，表明股价开始加速上
涨，买点出现。

第六章

利用均线找买卖点

1. 均线的实战看点

◎ 均线简介

均线指标，全称移动平均线指标（MovingAverage），简称MA。它是将某一段时间的收盘价除以该周期所得到的平均价，再连接该平均价得到的一条曲线。图6-1即为大智慧炒股软件中的MA指标。

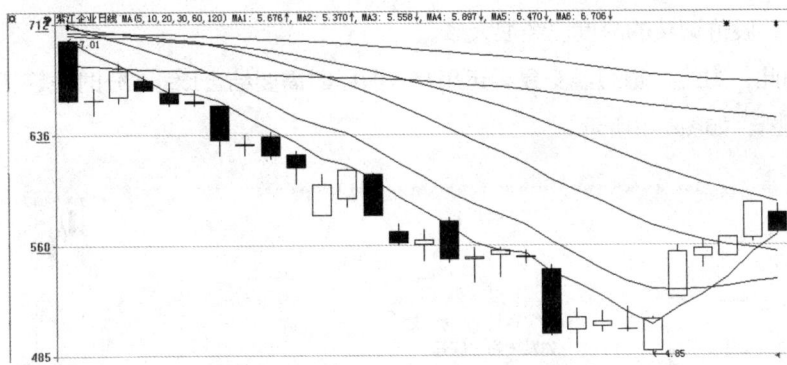

图6-1 大智慧炒股软件中的MA指标

从图中可以看出，在实战中，MA指标是一个由多根均线所组成的均线系，包括5日、10日、20日、30日、60日和120日均线。按照时间长短，可以将其分为短期均线、中期均线、长期均线。

短期移动平均线主要是5日均线和10日均线。在实战中，由于5日均线起伏较大，震荡行情时该线形象极不规则，几乎没有轨迹可寻，因而诞生了10日均线。10日均线简单易算，是短线交易者参考与使用最广泛的移动平均线。它能较为正确地反映短期内股价平均成本的变动情形与趋势，可作为短线进出的依据。

中期移动平均线包括20日、30日、60日均线。其中20日均线可以称为月线（因为一个月的交易日大概为20天），60日均线可以称为季线。中期均线，由于其波动幅度比短期移动平均线平滑且有轨迹可寻，比长期移动平均线又敏感度高，因而优点明显，成为中期投资者的主要参考指标。

长期移动平均线为120日线，又称半年线。这是价值投资者、超级大户、职业炒手操作股票时要参考的依据。

均线在实战中具有以下几个特点。

（1）追踪趋势。

均线最重要的作用是用来追踪趋势。由于均线消除了短期价格波动的干扰，能更多地与趋势保持一致。而原始数据的股价图表不具备这个保持追踪趋势的特性。

（2）滞后性。

在股价原有趋势发生反转时，由于MA的追踪趋势的特性，MA的行动往往过于迟缓，调头速度落后于大趋势。这是MA极大的一个弱点。等MA发出反转信号时，股价调头的深度已经很大了。

因此，短线、超短线交易者运用MA指标时需要结合K线、分时线等工具来综合判断，如图6-2所示。

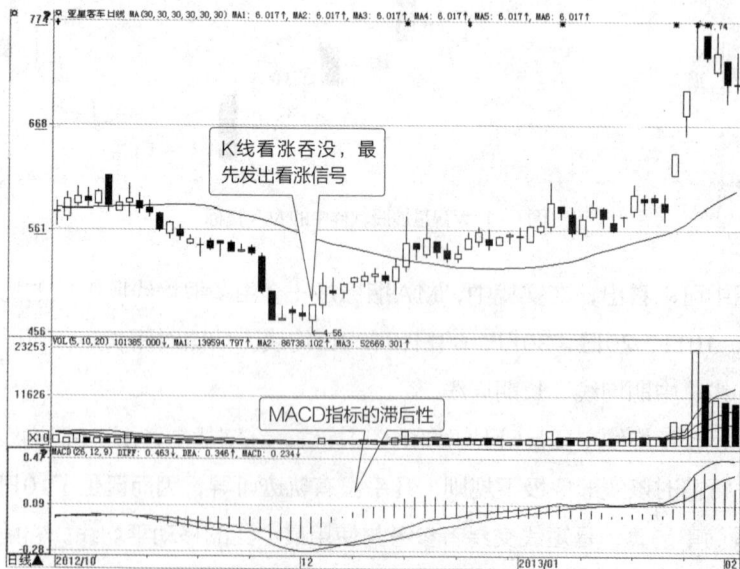

图6-2 亚星客车日K线

从2012年12月到2013年1月，亚星客车（600213）在经过一波加速下跌走势之后开始反弹向上。到12月10日，MACD指标才出现金叉，可勉强算得上一个买点，但K线在12月4日就已经出现看涨吞没形态。由此可见MACD指标的滞后性。

（3）稳定性。

通常，越长期的移动平均线，越能表现稳定的特性，也即均线不轻易往上往下，必须等股价涨势真正明朗了，移动平均线才会往上延伸，而且经常股价开始回落之初，移动平均线却是向上的，等到股价下滑显著时，才见移动平均线走下坡，这是移动平均线最大的特色。

越短期的移动平均线稳定性越差，越长期的移动平均线稳定性越强，但也因此使得移动平均线有延迟反应的特性。

（4）助涨助跌。

当股价突破了MA时，无论是向上突破还是向下突破，股价都有继续向突破方向再走一程的愿望，这就是MA的助涨助跌性。

（5）支撑、阻力特性。

由于MA的上述四个特性，使得它在股价走势中起支撑线和压力线的作用。

◎ 买卖点——突破

当股价向上突破均线，就表明市场上涨趋势初步形成。之后，股价一般会出现冲高回落，然后在均线处受到支撑再次向上，这是上涨趋势彻底形成的标志。

一般来说，所突破的均线时间周期越长，看涨意义越强烈。

因此，当股价向上突破均线时，一般有两个买点。

买点1：突破时。

买点2：回调确认时。

有的时候，上涨动能极为强烈，此时可能不会出现上涨趋势的回抽确认过程，那么此时就只有买点1而没有买点2，如图6-3和图6-4所示。

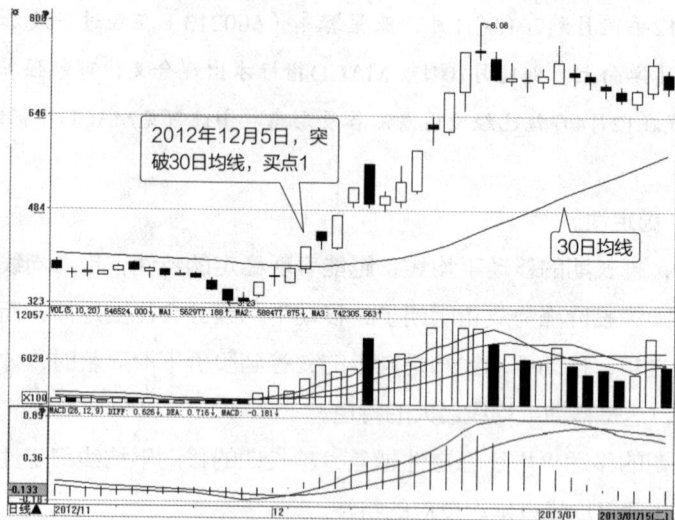

图 6-3 中再资环日 K 线

2012年12月5日，中再资环（600217）的股价向上放量突破30日均线，表明上涨趋势初步形成，买点1出现。之后该股持续上涨，出现一波较大的上涨走势。很明显，该股只有买点1没有买点2，涨幅巨大，这是因为上涨动能极为强烈所造成的。

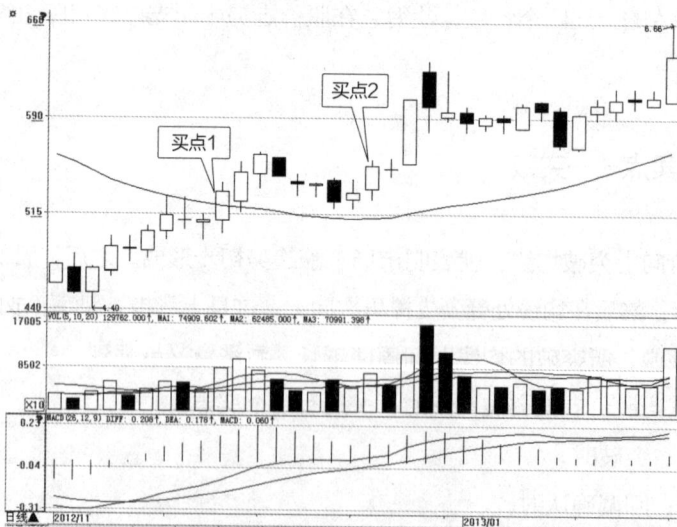

图 6-4 安迪苏日 K 线

2012年12月13日，安迪苏（600299）股价向上突破30日均线，买点1出现。12月25日，股价回抽确认上涨趋势彻底形成，买点2出现。

◎ 买卖点——支撑、阻力

均线具有支撑、阻力作用，这种作用在趋势性行情中表现得最为明显。

在上涨趋势中，一旦股价回调，就可能是投资者买入的良机。一旦股价回调到重要均线处，受到均线支撑作用而再次向上时，就表明上涨趋势仍将持续，投资者可以果断买入。

同理，在确定的下跌趋势中，一旦股价反弹，就可能是被套牢投资者卖出的良机。一旦股价反弹到重要均线处，受到阻力作用而再次向下时，就表明市场下跌趋势仍将延续，投资者可以果断卖出。

这类买点和卖点最好结合K线组合进行综合判断，这样可以大大提高买卖点的精准度，如图6-5和图6-6所示。

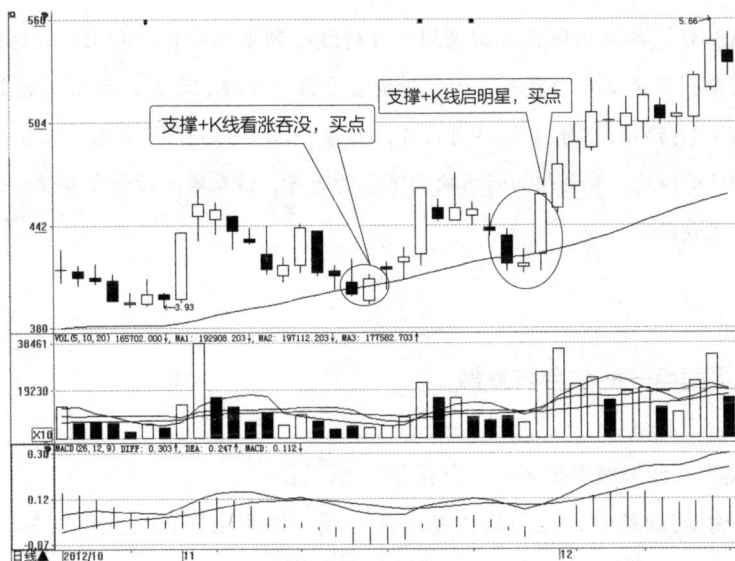

图6-5 鲁商发展日K线

2012年11月初开始，鲁商发展（600223）股价开始冲高回调。11月16日，股价回调到30日均线处，受到均线的支撑作用开始向上；同时K线形成看涨吞没形态。这两个买入信号叠加，上涨意义大大增加，投资者可以果断买入。

图6-6 天津松江日K线

11月30日，再次出现股价回调到30日均线受到支撑而再次向上；同时K线形成启明星形态，这是更强的看涨信号，投资者要注意把握。之后，股价加速上涨。

2012年8月13日、8月24日、9月11日，天津松江（600225）连续三次出现"股价反弹到30日均线处，受到阻力后再次向下"的卖点，被套牢的投资者要注意利用这三个卖点来规避损失。

◎ 买卖点——黏合与发散

均线的黏合与发散是多条均线的综合运用。

在一组均线系中，几条均线黏合在一起，说明市场正在进行震荡，多空双方的鏖战还没有最终分出胜负。投资者要静待结果的出现。

而当一组均线经过较长时间的黏合之后，股价突然放量大涨，形成一根大阳线并一举突破多根均线（即一阳破多线），就表明经过长期的震荡之后，多方占据优势，股价接下来将出现一波上涨趋势；反之，当股价突然下跌，形成一根大阴线并一举跌破多根均线（一阴破多线），就表明空方占据优势，下跌趋势即将出现。

因此，当一阳破多线形成，买点出现；一阴破多线形成，卖点出现。

在实战中，投资者还要注意以下几个关键点。

关键点1：黏合的时间

一般来说，几条均线黏合的时间越长，之后的趋势性行情就越大。这就是所谓的"横有多长，竖就有多长"。

关键点2：参数的选择

实战中，一般用三条均线，其参数为5、20、60，对应5日均线、20日均线、60日均线。

关键点3：多头排列与空头排列

一阳破多线形成后，上涨趋势出现，之后几条均线将形成短期均线在上、长期均线在下的局面，也即均线多头排列；而一阴破多线形成后，下跌趋势出现，之后几条均线将形成短期均线在下、长期均线在上的局面，即均线空头排列。

多头排列、空头排列是趋势彻底形成的标志，也可以算做买卖点，如图6-7和图6-8所示。

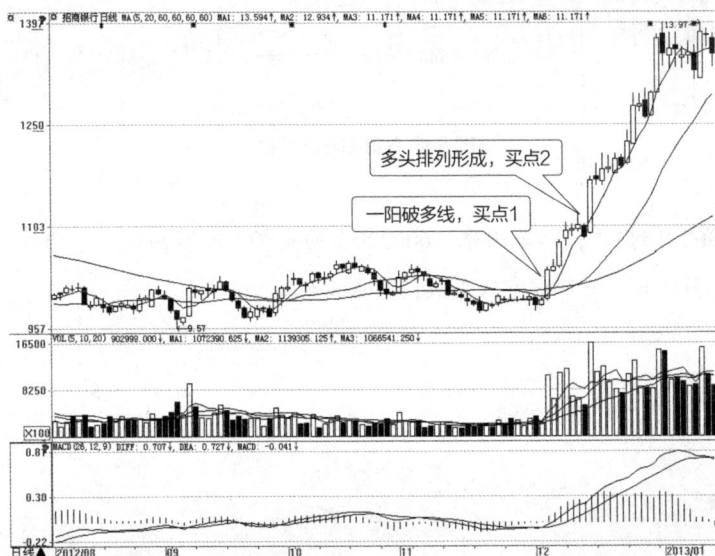

图6-7 招商银行日K线

从2012年8月到11月，招商银行（600036）一直处于震荡走势中，5日均线、20日均线、60日均线逐渐黏合在一起。

12月5日，股价形成一根大阳线，依次突破三条均线，显示上涨动能已经占据主动，买点1出现。

12月13日，三条均线形成多头排列，表明上涨趋势已经确定，买点2出。

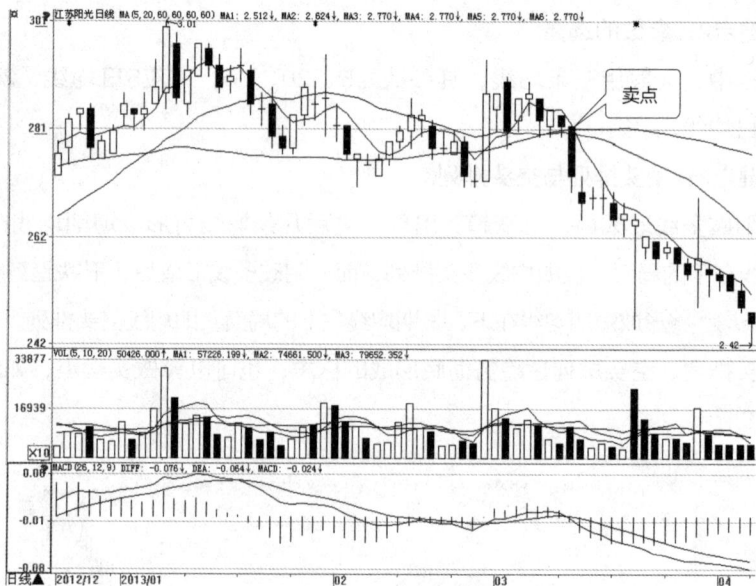

图6-8 江苏阳光日K线

2013年1月到3月，江苏阳光（600220）的走势不断震荡，三条均线逐渐缠绕在一起。3月12日，一阴破空线形成，卖点出现。

2.格兰维尔八大买卖法则

◎ 格兰维尔的四个买点

在移动平均线理论中，美国投资专家格兰维尔创造的八项法则比较另类，如图6-9所示。有人认为它毫无用处，有人认为它是价值分析的精华。但不管怎么样，了解它总是必要的。

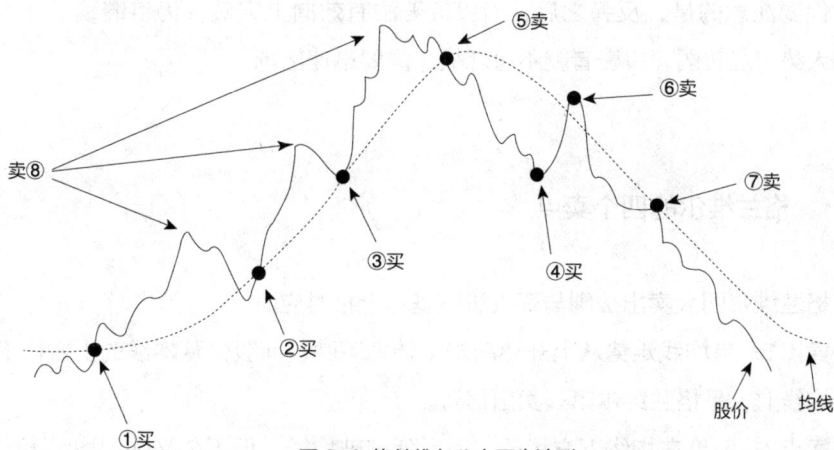

图6-9 格兰维尔八大买卖法则

格兰维尔的四个买点是一个整体性的买点系统，该系统寄托在一波真正的牛市行情之中。

买点1：当均线从下降逐渐走平转为上升，而股价从平均线的下方向上突破平均线时，为格兰维尔第一买入信号。

该信号大多出现在一波上涨趋势的开端。

买点2：股价运行在均线上方，之后回调，虽跌破仍在上升的平均线，但不

久又调头向上，并运行于平均线的上方，此时可加码买进，为格兰维尔第二买
入信号。

很明显，这是上涨趋势确立后的加码买入信号，与前文中介绍的支撑买点
差不多。

买点3：股价下跌未破均线，并重现升势，此时平均线继续在上升，仍为买
进信号。这是格兰维尔第三买入信号。

买点3与买点2类似，不同点在于买点3是上涨趋势已经运行了一段时间之后
出现的股价回调。面对这种回调，许多投资者因为前期涨幅较大而不敢入场，
该买点的市场含义就是：面对真正的上涨趋势，不要怕前期涨幅，只要有回
调，只要上涨趋势没有改变（均线仍维持向上走势），就可以继续入场。

买点4：当股价跌破平均线，并远离平均线时，很可能产生一轮强劲的反
弹，这也是买进信号，即格兰维尔第四买入信号。

但要注意的是，反弹之后，若股价无法有效向上突破，仍将继续下挫，就
表明大势已经转弱，投资者就不可恋战，需要迅速出场。

◎ 格兰维尔的四个卖点

格兰维尔四大卖出法则与买入法则基本上相对应。

卖点1：当均线走势从上升逐渐走平转为下跌，而股价从均线的上方往下跌
破平均线时，是格兰维尔第一卖出信号。

卖点2：股价在均线下方运行，虽反弹突破均线，但不久又跌到均线下方，
而此时平均线仍在下跌时，为格兰维尔第二卖出信号。

卖点3：股价跌落于均线之下，然后向均线反弹，但未突破平均线即受阻回
落，是格兰维尔第三卖出信号。

该卖出法则处于下跌趋势已经延续一段时间后，此时股价跌幅较大。

卖点4：股价急速上涨远离平均线时，投资风险激增，随时会出现回跌，这
又是一个卖出信号。

第七章

利用 MACD 指标找买卖点

1. 认识MACD指标

◎ MACD是高手最常用的指标

MACD指标在技术分析中的作用极为特别，可以说是学习股票技术分析必不可少的一环。它的重要性至少有以下几点。

第一，MACD指标是被历史走势检验过的最有效的技术指标，也是运用最广泛的指标。

第二，MACD指标从均线指标EMA衍化而来，对把握趋势性行情有很好的应用效果。中长期投资者在实战中基本都要参考该指标。

第三，MACD指标的顶底背离是公认的、最好用的"抄底逃顶"方法，这一方法是趋势理论、波浪理论具体化的重要工具。

第四，许多老手都有这样的经历：在刚入门时开始学习MACD指标，之后慢慢将其丢弃，在经过了长时间的学习和比较之后，特别是经过了实战的检验之后，最终又回归到MACD指标上来。由此可见该指标的特别之处。

第五，MACD指标在系统化交易中的应用也极为广泛。

正因为这些优势，使得MACD指标成为专业交易员最常用的技术指标。

◎ MACD指标的概念和算法

MACD指标，也即指数平滑异同移动平均线指标，是由查拉尔·阿佩尔（Gerald Apple）所创造的，用来跟踪股价运行趋势、研判股票买卖时机的技术分析工具。该指标是炒股软件中的常用指标，如图7-1所示，有"指标之王"的美誉。

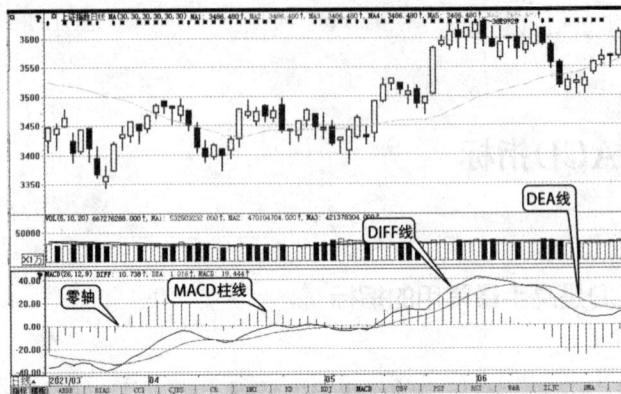

图 7-1 MACD 指标

MACD指标由DIFF线、DEA线、MACD柱线和零轴这"三线一轴"组成。投资者就是通过这"三线一轴"的交叉、背离、突破、支撑与阻碍等方式来对股价进行研判。

MACD指标默认参数为12、26、9（还有的人将其改为斐波那契数列5、34、5），其计算过程分为以下三步。

第一步：计算平滑移动平均值EMA。

其中，12日EMA为：

$$EMA（12）=\frac{2}{12+1}今日收盘价+\frac{11}{12+1}昨日EMA（12）$$

26日EMA为：

$$EMA（26）=\frac{2}{26+1}今日收盘价+\frac{25}{26+1}昨日EMA（26）$$

第二步：计算离差值DIFF。

DIFF=EMA（12）-EMA（26）

第三步：计算DIFF的9日平滑移动平均值。

MACD值就是对DIFF进行9日平滑移动平均得到的，即离差平均值，又称为DEA。

$$今日DEA（MACD）=\frac{2}{9+1}今日DIFF+\frac{8}{9+1}×昨日DEA$$

通过该计算公式，投资者可以知道DIFF线与DEA线的实际关系：DIFF线实际上是12日EMA线与26日EMA线的差值，而DEA线则是DIFF线的9日EMA线。正因为这样，DIFF线显得更为灵敏，而DEA线则更为稳重。

从这个角度来说，DIFF线的用法基本上DEA线都可以使用，只不过更为可靠一点儿，但灵敏度会稍有不及，如图7-2所示。

图7-2 DIFF 线与 DEA 线

2021年7月到8月，圣济堂（600227）的股价和DIFF线、DEA线都呈现出先跌后涨的态势。

从图中可以看出，尽管DIFF线与DEA线的运行趋势一致，但速度不一样。因为DEA线是DIFF线移动平均的结果，所以DEA线更为稳重。

关于MACD指标的构造过程，投资者可以从以下几个方面进行理解。

（1）MACD指标与均线的关系。

MACD指标来源于股价的平滑移动平均线EMA，所以具有均线指标稳定、能追随趋势的特点，能够对市场动能做出客观的反映。与此同时，MACD指标在均线的基础上还有超越，去掉了均线有时频繁发出假信号的缺陷，使得指标在对中长期趋势的把握上准确率较高，所以深受趋势型投资者的欢迎。

（2）MACD是市场动能最直接的反映。

MACD指标实际上围绕两个离差值进行分析，一个是DIFF线，是快慢均线的差值，可以理解为股价上涨或下跌的速度；另一个是MACD柱线，是快慢DIFF线的差值（即DIFF-MACD），可以理解为股价上涨或下跌的加速度。MACD指标对市场动能有着极大的敏感性。

（3）MACD指标的滞后性。

MACD指标主要反映市场中长期趋势，对股价短期走势的反映往往较为滞后，远不如K线形态那样及时。对这个问题的解决一般可以通过指标参数的修改加以解决（如将默认参数改为5、34、5），如图7-3所示。

图7-3 MACD 指标的滞后性

2013年5月8日，MACD指标出现"DIFF线与股价底背离+金叉"的看涨信号，预示股价短期内将出现一波上涨走势。

该上涨信号发出时，股价实际上已经开始上涨了一段时间，且K线在5月3日就出现了曙光初现的看涨形态，比MACD指标提前了2天。由此可见MACD指标反映短期走势的滞后性。

（4）MACD指标不适合短线和超短线投资者使用，不适合在盘整行情中使用。

一般来说，在短线和超短线交易中，需要投资者对股价的短期波动非常敏感。由于MACD指标的滞后性，股价的短期波动很难及时地在MACD指标上予以反映，因此MACD指标并不特别适用于短线和超短线交易。

另外，在盘整行情中，MACD指标一般会围绕着零轴上下运动，频繁发出金叉、死叉等交易信号，而这些信号大多属于无效信号，因此MACD指标也不适合用在盘整行情中。

2. MACD指标实战用法

◎ MACD金叉

MACD指标的金叉，是指DIFF线自下而上穿过DEA线所形成的交叉。金叉出现在不同的位置，会体现出不同的市场含义。

（1）低位金叉的买点。

DIFF线与DEA线金叉的位置，如果出现在零轴下方，并且远离零轴，这个金叉就称为低位金叉。投资者可将此时的金叉，仅仅视为股价的一次短期反弹，至于股价是否能够形成真正的反转，还需要结合其他指标进行观察和确认，如图7-4和图7-5所示。

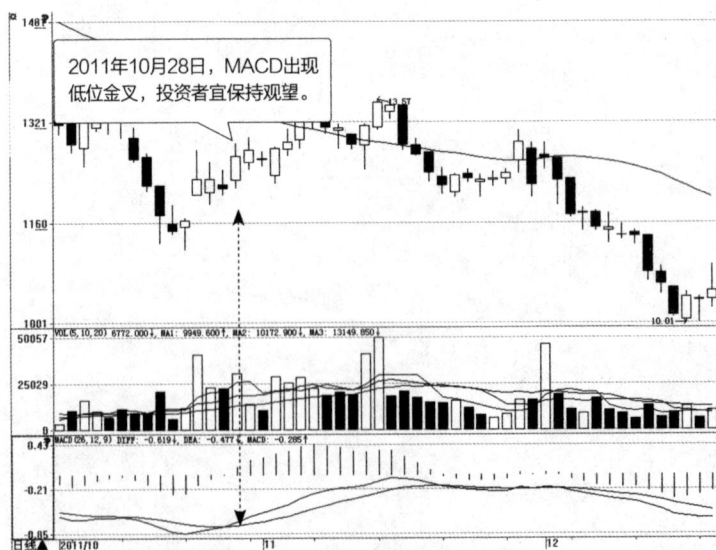

图 7-4 圆通快递日 K 线

2011年10月28日，随着股价的回升，圆通快递（600233）的MACD指标出现了低位金叉。但之后不久，股价就又开始延续前期的下跌趋势，并再创新低。

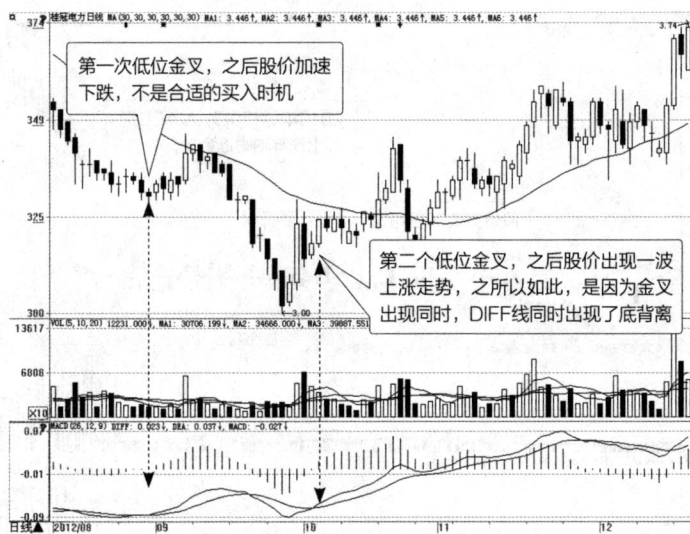

图 7-5 桂冠电力日 K 线

从2012年8月到12月，桂冠电力（600236）的日线图中，MACD指标出现了两次低位金叉。不过每次金叉出现时，投资者的操作策略却有所不同。

第一次低位金叉出现在8月31日。投资者可以看到，这个金叉出现之后不久，反弹即告结束。如果投资者在这个低位金叉出现时选择观望，就不会有套牢的风险。

第二次低位金叉出现在10月10日，此时投资者可以把握时机买入。这是因为，这第二个金叉出现同时，DIFF线与股价也出现了底背离。两个见底信号相互叠加，使得买入的可靠性大大提高。

（2）零轴附近金叉的买点。

如果上涨趋势已经形成，DIFF线与DEA线的金叉发生在零轴附近，那么此时往往是投资者买入的绝佳时机。

这是因为，上涨趋势形成后，零轴附近金叉预示着调整行情已经彻底结束，新一轮上涨行情已经启动。此时如果还伴随着均量线的金叉，就说明股价的上涨得到成交量的支持，买入信号将更加可靠。

该买点一旦出现，投资者绝对不应错过，否则将错过大涨行情，如图7-6所示。

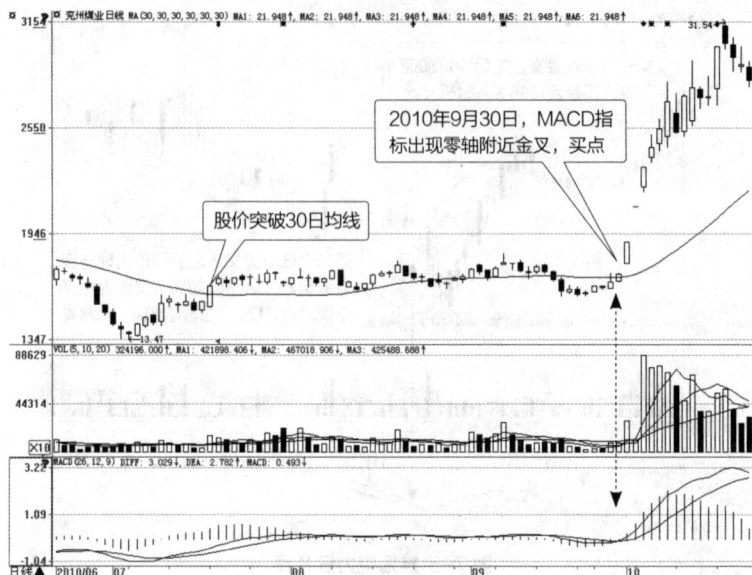

图7-6 兖州煤业日K线

2010年7月19日，兖州煤业（600188）的股价向上突破30日均线，表明上涨趋势已经初步形成。之后近两个月，股价几乎一直都在30日均线上方运行。

9月30日，MACD指标在零轴附近形成金叉，同时均量线指标也出现了金叉，表明市场即将出现一波较大的上涨走势，投资者可以果断地买入。

在实战中，投资者要注意的是，在盘整行情中MACD指标往往会频繁发出买卖信号，该指标暂时处于失效状态。此时出现零轴附近金叉，并不能保证接下来出现一波上涨趋势。

投资者要注意甄别当前行情的类型，如果股价处于盘整行情中，可以结合KDJ、RSI等超买超卖类指标综合确定买卖信号。

（3）高位金叉的买点。

如果DIFF线与DEA线的金叉发生在零轴以上，且处于距离零轴较远的区域，那么该金叉就被称为高位金叉。高位金叉一般出现在股价上涨过程中的回调走势中，表示回调已经结束，股价即将重新延续前期的上涨趋势。因此高位金叉一旦出现，是较好的加仓买入信号，如图7-7所示。

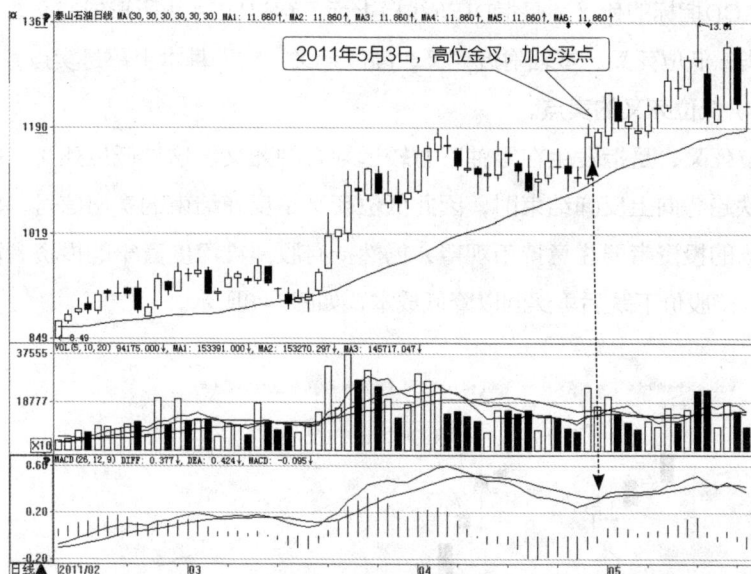

图 7-7 泰山石油日 K 线

2011年5月3日，泰山石油（000554）的股价在上涨趋势中，经过回调之后再次上涨，同时MACD指标出现高位金叉。它表明该股回调已经结束，股价将重新延续前期上涨趋势。投资者要注意抓住这个加仓买点。

在实战中，当上涨趋势形成，股价缓缓上涨并持续较长一段时间后，一旦MACD指标形成高位金叉，往往是股价即将出现加速上涨的预兆。接下来股价往往会大幅上涨甚至是连续涨停。

正因为这样，高位金叉也可以用来进行波段操作。投资者可以利用MACD指标，在上涨趋势中不断狙杀上涨波段。

◎ MACD死叉

MACD指标的死叉，是指DIFF线自上而下穿过DEA线所形成交叉。死叉也分为三类：低位死叉、零轴附近死叉、高位死叉。它们基本上都是卖点。

（1）低位死叉的卖点。

低位死叉，是指发生在零轴下方较远地方的死叉。这种低位死叉，往往出现在下跌趋势向上反弹结束时，因此低位死叉是反弹结束的卖出信号。此时，没有入场的投资者要注意持币观望，仍然持有股票被深度套牢的投资者可以先行卖出，待股价下跌后再买回以降低成本，如图7-8所示。

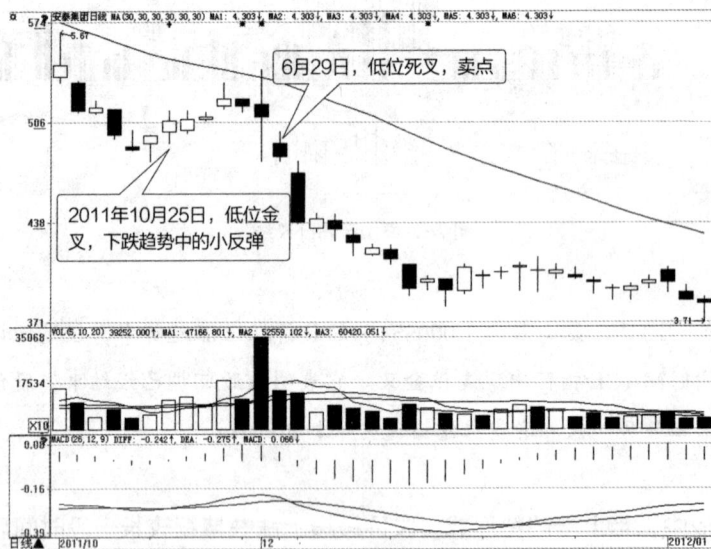

图7-8 安泰集团日K线

2011年10月25日，安泰集团（600408）的MACD指标出现一个低位金叉，股价出现了一波小幅度的反弹，之后快速向下。

12月5日，MACD指标在零轴下方出现死叉，此后股价开始新的一轮下跌走势。投资者可以在6月29日卖出持股，之后回补以降低持股成本。

（2）零轴附近死叉的卖点。

如果之前的市场方向一直都是下跌趋势，此时DIFF线在零轴附近跌破DEA线形成的交叉被称为零轴附近死叉，它表明市场在零轴附近已经积聚了较多的向下动能，死叉出现，预示着市场向下的动能开始释放，股价接下来将延续原来的下跌趋势，为卖出信号。

投资者需要注意的是，在盘整行情中，指标往往会出现频繁的零轴附近死叉，这只是股价暂时的震荡所造成的，此时不宜利用该卖出信号。

正因为如此，在利用该卖点时，投资者一定要搞清楚市场趋势。如果市场趋势已经彻底转势，就不可再利用该卖点，如图7-9所示。

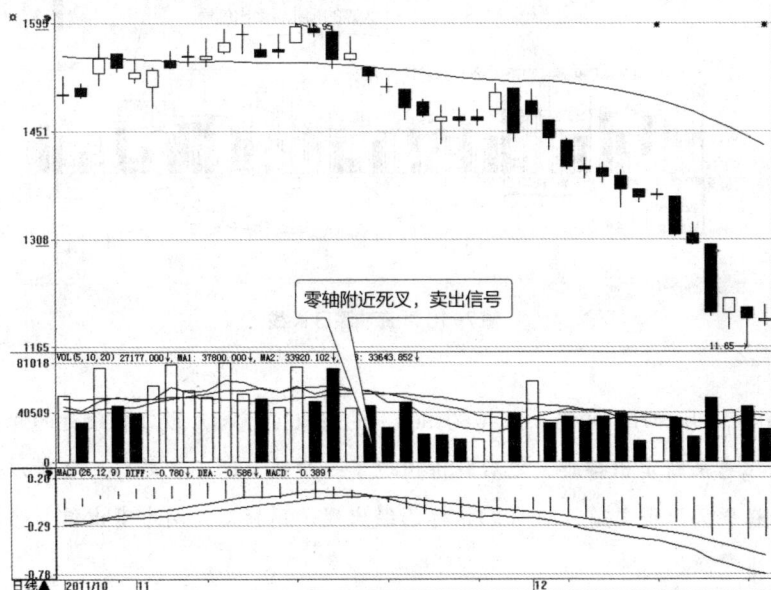

图 7-9 晋控煤业日 K 线

2011年11月18日，晋控煤业（601001）的DIFF线在零轴上方靠近零轴的地方跌破DEA线形成死叉。它表明市场下跌动能开始释放，为卖出信号，投资者要果断卖出持股，否则将被深度套牢。

在实战中，零轴死叉一般要和其他技术分析工具结合，以提高卖出信号的可靠性。例如，当市场前期出现顶背离之后不久，MACD指标出现零轴死叉，就表明下跌动能十分强烈并即将释放，股价接下来将出现一波巨大的跌幅。因此，投资者一旦见到这种"顶背离+零轴死叉"的组合，要注意及时出场，如图7-10所示。

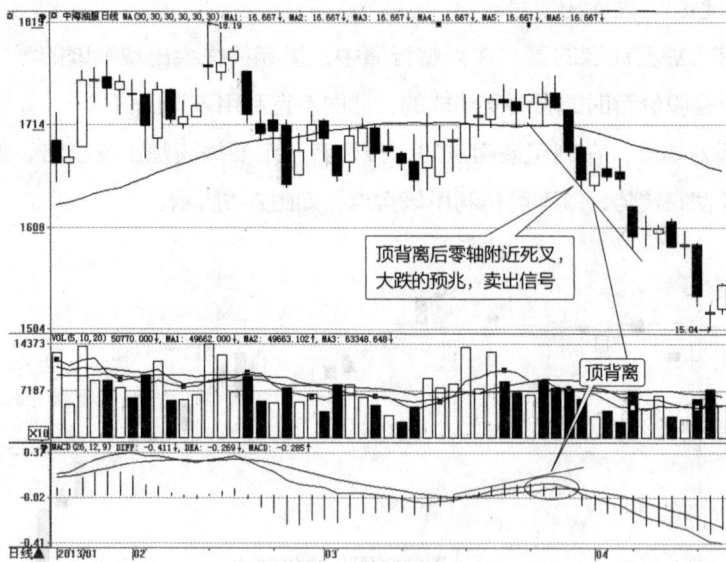

图7-10 中海油服日K线

2013年3月29日，中海油服（601808）的MACD指标形成零轴附近的死叉，投资者要注意果断卖出持股，之后股价出现了一波较大的下跌趋势。之所以如此，是因为在死叉出现之前，MACD指标已经出现了顶背离，两个卖出信号叠加，卖出意义非常强烈。

（3）高位死叉的卖点。

DIFF线在零轴之上较远的地方下破DEA线形成的交叉，被称为高位死叉，它是前期踏空投资者的福音。

高位死叉大多出现在上涨回调过程中，股价之后往往会再次延续原来的上涨趋势，所以投资者看到高位死叉，最好继续持股观望，以防踏空后面的牛市行情，如图7-11所示。

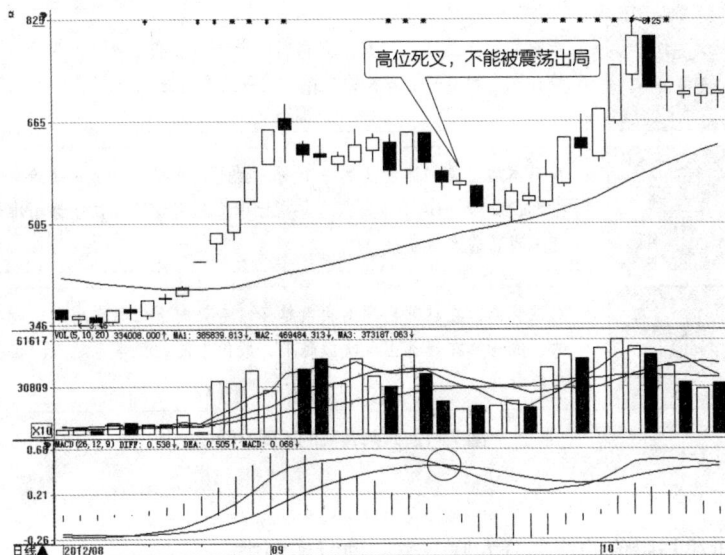

图 7-11 安通控股日 K 线

2012年9月19日，安通控股（600179）的MACD指标出现高位死叉，此时投资者只可将其视为一次短期回调信号，不要轻易被清洗出局。

◎ DIFF线与股价的背离

背离是物理学上描述动能的一个词汇，在股票操作中，是一种成功率较高、应用较为广泛的分析方法。在上涨走势中，股价创新高，而指标线却没有创新高，称为顶背离，表明下跌动能正在积聚，是卖出信号；在下跌走势中，股价创新低，而指标线却没有创新低，称为底背离，表明上涨动能正在积聚，是买入信号。

对背离的把握，需要注意三点，如图7-12所示。

无趋势 无背离	背离实际上是两段完整方向相同的走势的动能比较，如果没有趋势存在，就谈不上背离的存在。这一点是前提。
背离的 适用性	背离本质上是描述动能的一个词，因此它特别适用于一些趋势性指标，如MA、MACD等。在这些指标中，利用背离往往能够精准地把握市场的大趋势。
背离的 次数	对顶背离，在顶部出现的次数越多，走势向下的概率越大；相应的，底背离在底部出现次数越多，股价上涨的概率也越大。但并不绝对。

图 7-12 理解背离的不同方面

DIFF线与股价的背离分为底背离和顶背离两类。

（1）底背离。

DIFF线与股价的底背离是指在下跌趋势中，当股价创新低时，DIFF线却没有创新低。它表明股价在下跌过程中，DIFF线的下跌幅度要小于股价的下跌幅度，市场向上的动能正在不断积聚，股价接下来上涨的概率较大。

在实战中，投资者利用DIFF线与股价的底背离来找买点，需要注意以下三个方面。

第一，二次底背离乃至多次底背离的情况。

有时候，DIFF线与股价甚至出现二次底背离乃至多次底背离，这是更为强烈的一种上涨信号。它表明市场上涨动能极为强劲，股价将很快出现一波较大的上涨走势。

但该法则并不绝对。有时候，在大熊市中，股价会连创新低，MACD指标虽然多次出现底背离甚至二次底背离，然而仍无法彻底扭转下跌趋势，例如2008年的大熊市。

因此，二次底背离上涨动能虽强，但能否反转趋势，仍需观察，但并不妨碍投资者利用该法则获得波段收益。

第二，具体的买入时机。

DIFF线与股价的底背离不是一个具体的时点，而是一段时间内出现的形态，但投资者具体买入股票，却是一个具体的时点。因此，为把握具体的买入时机，当DIFF线与股价出现底背离时，投资者必须将底背离与其他技术分析工具结合，将底背离的买点具体化。

例如，底背离与K线反转形态结合，底背离与MACD的金叉、死叉结合等。这正是"多指标配合"原则的具体运用。

第三，多周期的配合。

实战操作中，MACD指标底背离实则是一种抓底摸顶的战法，许多人在使用的时候不知不觉地逆势操作。

为防止逆势操作，投资者要注意其他周期中DIFF线的情况。例如，当周线图中股价正处于下跌趋势且没有明显的支撑时，此时日线即便出现第一次底背离，投资者也不要匆忙入场，因为此时单单一个底背离很难彻底扭转下跌趋势。这正是"多周期共振"原则的具体应用，如图7-13和图7-14所示。

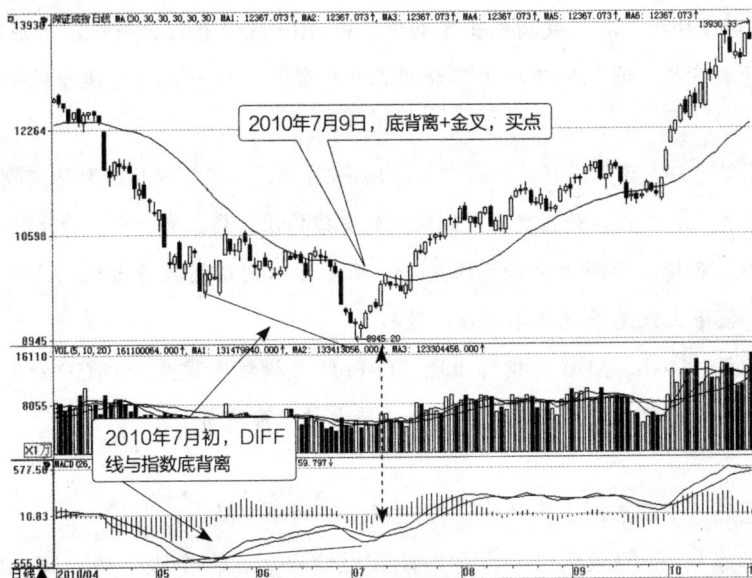

图7-13 深证成指日K线

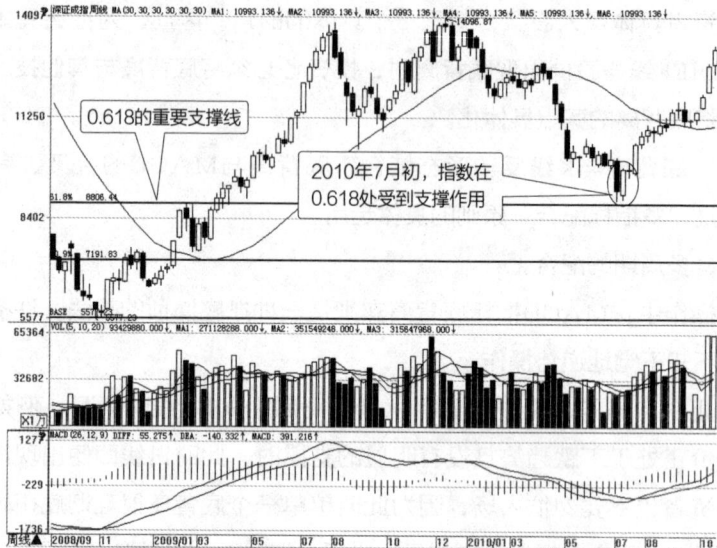

图 7-14 深证成指周 K 线

2010年7月初，深证成指创出了新低，而DIFF线没有创出新低，形成DIFF线与指数的底背离。它表明市场上涨动能正在积聚，指数有较大可能出现一波上涨走势。

与此同时，在深证成指周线图中，2010年7月初，指数下跌已经到达前期最大涨幅的0.618处，判断在该处指数将得到较大的支撑作用，指数有较大可能止跌回升。

综合上涨指数周线走势和日线走势，基本可以判断指数将出现一波较大的上涨趋势。接下来就是寻找具体买点的过程。

2010年7月9日，MACD指标出现"DIFF线与指数底背离+MACD金叉"的看涨信号，买点出现。之后指数出现了一波较大的上涨走势。

在把握这个买点时，投资者还要注意以下两个关键点。

关键点1：一般来说，当大盘发出看涨信号后，在个股中也会有相应的看涨信号发出，只是它们所代表的上涨动能有差别。此时，投资者的选股能力很重要。

关键点2：DIFF线与股价底背离之后，股价一般会有一波涨势，但涨势不是趋势，趋势是否能够彻底地反转，还不能彻底地确定，还要继续观察。一般来说，若非突破关键阻力线，趋势不会彻底改变。

（2）顶背离。

DIFF线与股价的顶背离是指在上涨趋势中，当股价创新高时，DIFF线却没有创新高。它表明市场下跌动能正在不断积聚，股价接下来有较大可能出现一波下跌走势。

与底背离类似，投资者在实战中利用顶背离来寻找卖点，需要注意以下几个方面。

第一，二次顶背离乃至多次顶背离。

在上涨趋势中，一旦出现二次顶背离乃至多次顶背离，就表明市场下跌动能较为强劲，股价将很快出现一波下跌走势。

但这一点也并不绝对，要警惕大牛市行情中的顶背离。

第二，具体的卖出时机。

卖出时机在某种程度上比买入时机还重要。二者的区别，简单概括为买入要慎重，卖出可稍微激进一点儿。

一般来说，买入要极为慎重，要若干上涨信号同时出现，若干周期出现共振，并且保持与市场大趋势一致，才能最终确认买入时机。而卖出则可以激进一点儿，可以"赶早不赶晚"，甚至只要有一个卖出信号出现表明下跌走势即将出现，就要尽快离场，以保住到手的利润。

因此，顶背离的具体卖出时机，尽管仍需要与其他技术分析工具结合来综合研判，但可以更加灵活。常用的卖出时机有"顶背离+K线反转形态""顶背离+死叉"等。

第三，多周期配合。

与底背离相似，顶背离卖出信号的确认，也需要查看其他周期内走势的状况。例如，当周线图中走势正处于快速上涨行情中，此时日线图中第一次出现的顶背离，其可靠性就会降低。

第四，成交量。

当DIFF线与股价顶背离出现时，成交量虽然仍较大，但已经不如前期大涨时的放量。这是上涨动能即将耗尽、下跌动能开始占据优势的表现。之后伴随着股价的下跌，成交量将不断地降低，如图7-15所示。

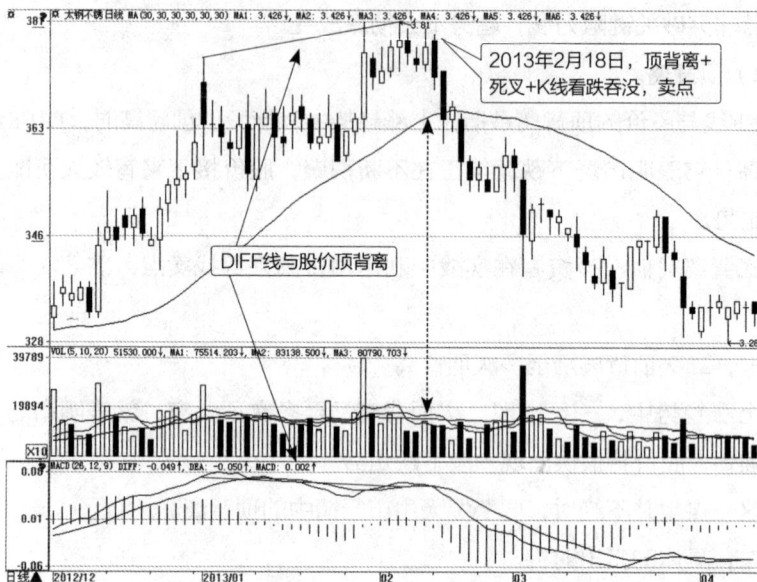

图7-15 太钢不锈日K线

2013年2月初，太钢不锈（000825）的股价创出新高，但DIFF线没有创出新高，形成DIFF线与股价的顶背离。它表明市场下跌动能正在积聚，股价有较大可能出现一波下跌走势。

2013年2月18日，MACD指标出现死叉，同时K线形成看跌吞没形态，更增加了下跌意义的可靠性。投资者可以及时卖出持股。

在把握这个卖出信号时，投资者要注意以下两个关键点。

关键点1：与底背离类似，当DIFF线与股价顶背离出现后，虽然股价将有一波下跌走势，但是否能够彻底转势，还要继续观察。

关键点2：当顶背离出现时，DIFF线离零轴越近，那么向下的动能就越强烈，下跌的信号就越可靠。

◎ MACD柱线与股价的背离

MACD柱线是由DIFF线与DEA线衍生出来的，它与股价的背离是MACD指标的重要用法，在实战中应用极广。

柱线与股价的背离也分为底背离和顶背离。

（1）MACD柱线与股价的底背离。

指当股价一波一波创出新低的时候，MACD柱线却没有随同创出新低。它表示市场向上的动能正在积聚，之后市场随时可能转为上涨走势。

当底背离出现时，投资者可以通过两种方式来把握具体的买点。

第一，柱线本身的伸缩变化。

MACD柱线本身具有较高的灵敏性，当底背离形态形成后，一旦某根柱线突然大幅缩短，就表明市场动能开始发生重大变化，投资者可以及时买入。

但该买点较为模糊，什么是"大幅缩短"？难有固定的标准，只能是投资者个人的一种交易直觉，所以经验不足者很难利用该买点。

第二，柱线由绿变红。

柱线由绿变红，表明市场上涨动能已经开始占据优势。它一般继"柱线缩短"之后而出现，虽然会晚一段时间但却更加可靠。

当底背离出现后，柱线顺利地由绿变红，投资者就可以买入。

第三，其他技术分析工具买入信号。

为提高买点的精准性，投资者可以结合其他技术分析工具来寻找具体的上涨信号。在这个过程中，常用的买点有"MACD柱线底背离+K线反转""MACD柱线底背离+股价越过30日（或20日、60日等）均线"等，如图7-16和图7-17所示。

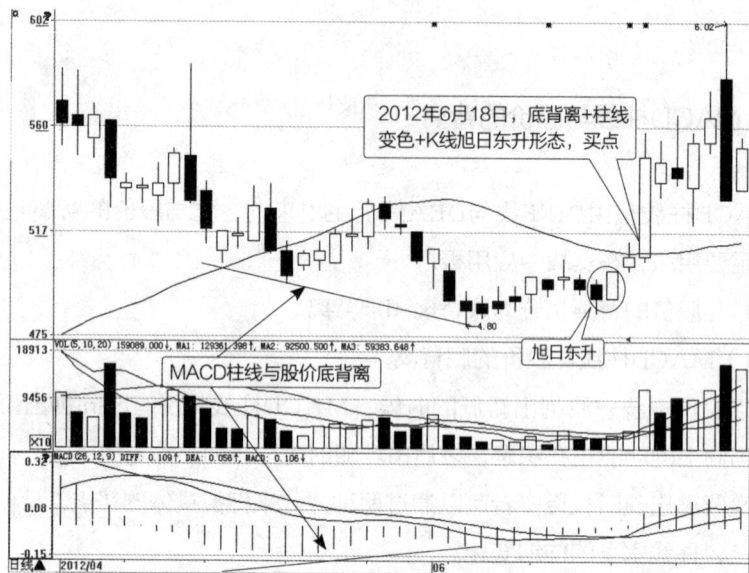

图 7-16 东莞控股日 K 线

2012年6月初，东莞控股（000828）的股价在下跌中创出新低，但MACD柱线却没有创出新低，形成柱线与股价的底背离形态。它表明市场上涨动能开始积聚，股价有较大可能出现一波上涨走势。

6月18日，K线形成旭日东升的看涨形态，6月19日，柱线由绿变红，这两个先后出现的买入信号叠加在一起，更增加了上涨意义的可靠性，投资者可以在6月19日果断买入。

2013年5月初，石化机械（000852）的股价创出新低，但MACD柱线没有创出新低，形成柱线与股价的底背离形态，预示着市场上涨动能的不断增强。

5月3日，伴随着股价的止跌回升，形成"MACD柱线与股价底背离+K线启明星形态"的买入信号。之后股价出现了一波上涨走势。

在实战中，投资者有时候还会遇到MACD柱线与股价二次甚至多次底背离的形态。与DIFF线与股价的二次甚至多次底背离类似，它代表着更强烈的上涨动能即将启动，投资者一旦见到，就要引起注意。

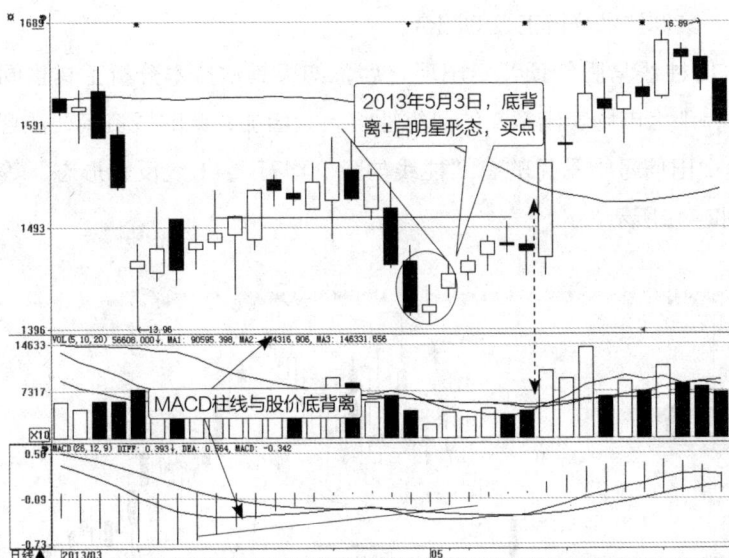

图 7-17 石化机械日 K 线

（2）MACD柱线与股价的顶背离。

指在上涨走势中，股价创出新高时，MACD柱线却没有创出新高。它表示市场向下的动能正在积聚，股价随时可能下跌。

与底背离类似，在实战中，根据多指标配合的原则，投资者可以结合以下几种方法使得卖出信号更为可靠。

第一，柱线的大幅缩短。

MACD柱线与股价的顶背离形成之后，一旦柱线突然大幅缩短，则表明市场下跌动能开始释放。投资者要注意及时卖出。

该信号出现得较早，对市场敏感度较高，但不太精准，难以把握。

第二，柱线由红变绿。

MACD柱线由红变绿表明市场下跌动能已经占据优势，它一般出现在柱线不断缩减之后。如果柱线与股价顶背离之后出现柱线由红变绿的态势，投资者要注意及时离场。

该信号虽然可靠性较强，但出现得较晚，适合稳健型投资者使用。

第三，其他技术分析工具的配合。

MACD柱线与股价顶背离出现之后，如果其他技术分析工具也同时出现卖出信号，那么市场卖出意义的可靠性将大大增加，此时投资者要注意果断离场。该类卖出信号中常见的有"柱线与股价顶背离+K线反转形态"等，如图7-18和图7-19所示。

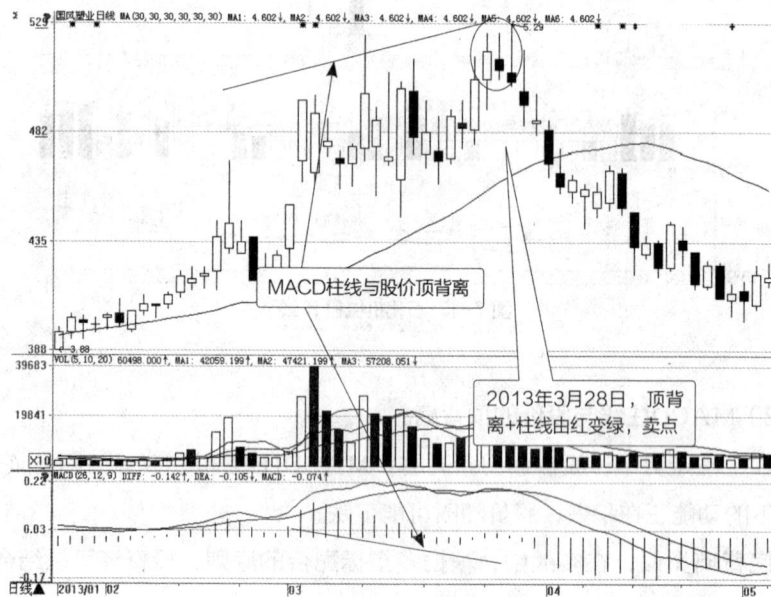

图 7-18 国风塑业日 K 线

2013年3月下旬，国风塑业（000859）的股价创出新高，但MACD柱线却没有创新高，形成柱线与股价的顶背离形态。它表明市场下跌动能开始不断积聚，股价随时有可能出现一波下跌走势。

3月28日，MACD柱线由红变绿，发出"柱线与股价顶背离+柱线由红变绿"的卖出信号，投资者要注意及时离场。

2013年2月底，顺鑫农业（000860）的股价创出新高，但MACD柱线却没有创出新高，形成柱线与股价的顶背离形态。它表明市场下跌动能正在不断增强，股价有可能出现一波下跌走势。

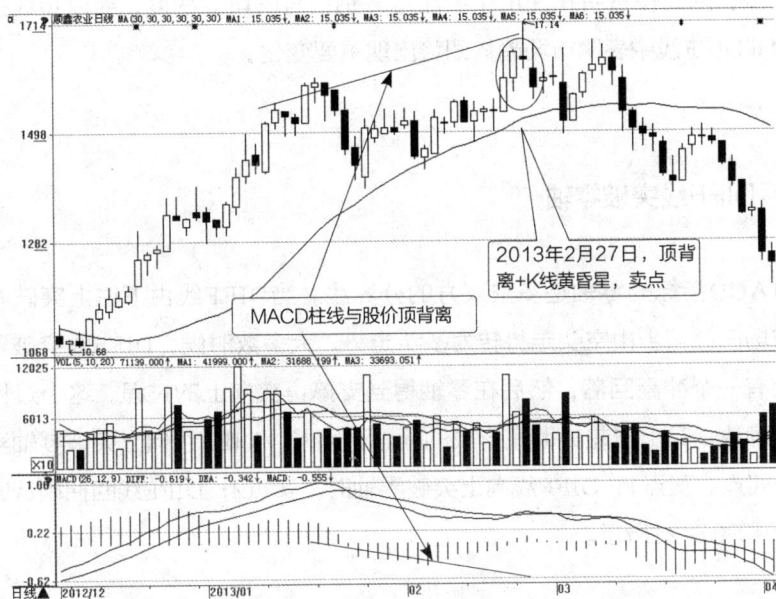

图 7-19 顺鑫农业日 K 线

2月27日，MACD柱线突然下跌，同时K线形成黄昏星的看跌形态。投资者要注意及时离场，之后股价出现了一波较大的下跌趋势。

前文介绍了DIFF线与股价的背离，柱线由于是DIFF线与其均线（DEA线）的2倍差值，因此MACD柱线的背离也就有了不同于DIFF线背离的地方。它主要表现在以下几个方面。

第一，出现的频率较高。

一般来说，在股价的运行过程中，柱线与股价背离出现的次数远多于DIFF线与股价的背离的次数，但可靠性也有所降低。

第二，在盘整中的特殊用法。

柱线与股价的背离在盘整走势中往往多次出现，投资者可以据此不断地高抛低吸来降低持股成本。而DIFF线与股价的背离很少在盘整走势中出现。

第三，多用于短线操作。

MACD柱线与股价的背离，由于对市场动能的反映最为灵敏，同时出现次数较多，因此投资者在使用中要注意甄别信号的可靠程度，要以短线操作为主，除非DIFF线中表明市场趋势即将出现重要变化。

◎ DIFF线突破零轴

　　MACD指标的零轴是多空双方的分界线。当DIFF线由下往上突破零轴，表明市场已经初步由空头走势转为多头走势。大多数时候，DIFF线突破零轴之后，会有一个冲高回落，然后在零轴得到支撑再次向上的过程。这个过程被称为回抽确认，是上涨趋势彻底形成的标志。因此，DIFF线向上突破零轴实际上有两个买点。买点1：DIFF线向上突破零轴时。买点2：DIFF线回抽确认时。如图7-20和图7-21所示。

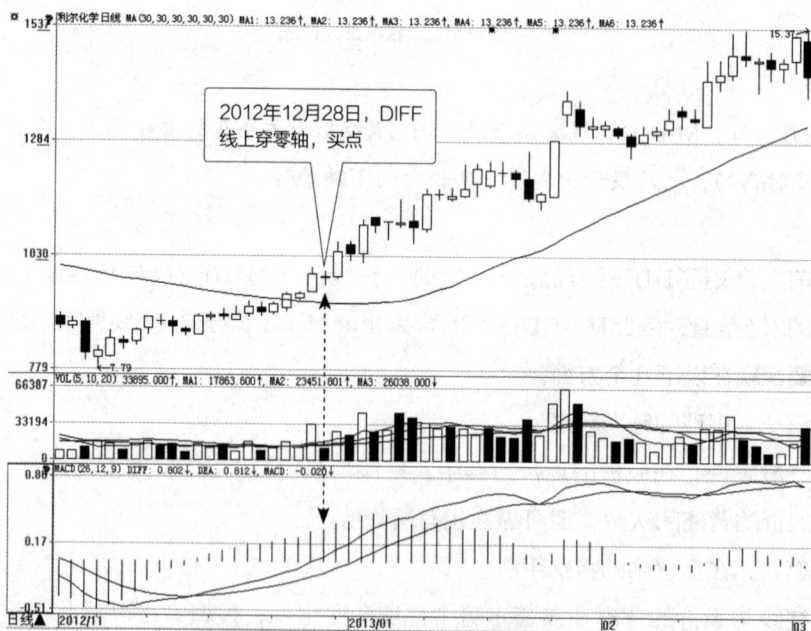

图7-20 利尔化学日K线

图 7-21 海陆重工日 K 线

2012年12月28日，利尔化学（002258）的DIFF线向上突破零轴，表明市场已经由空头走势转为多头走势，发出买入信号。之后股价出现了一波较大的上涨趋势。

2021年1月20日，海陆重工（002255）的DIFF线向上突破零轴，表明市场已经初步由空方走势转为多方走势，买点1出现。2021年2月5日，DIFF线回抽确认，买点2出现，之后该股股价持续上涨。

与DIFF线向上突破零轴类似，当DIFF线向下突破零轴时，表明市场已经初步地由多头走势转为空头走势，为卖点1。有时候，DIFF线跌破零轴之后，会有一个反弹确认的过程，是下跌趋势彻底形成的标志，为卖点2，如图7-22所示。

2020年12月21日，上海机场（600009）的DIFF线向下突破零轴，表明市场已经初步由多头走势转为空头走势，卖点1出现。2021年1月6日，DIFF线回抽确认，卖点2出现，之后该股价出现加速下跌。

图7-22 上海机场日K线

DEA线越过零轴所代表的市场意义与DIFF线越过零轴基本一致,但发出的买卖点可靠性更高。这主要是因为DEA线是DIFF线的移动平均线所造成的。在此不再赘述。

◎ 拒绝死叉与拒绝金叉

从本章第一节的算法可知,DEA线是DIFF线的9日移动平均线。因此,DEA线对DIFF线也存在支撑或阻力作用。

（1）拒绝死叉。

DIFF线得到DEA线的支撑称为拒绝死叉,是指在DEA线上方运行的DIFF线回调到DEA线附近,受到DEA线的支撑作用而再次向上的一种情形。它表明市场上涨动能仍具主导地位并再次发力,股价接下来将出现一波上涨走势。投资者可以在DIFF线重新回升时买入,如图7-23和图7-24所示。

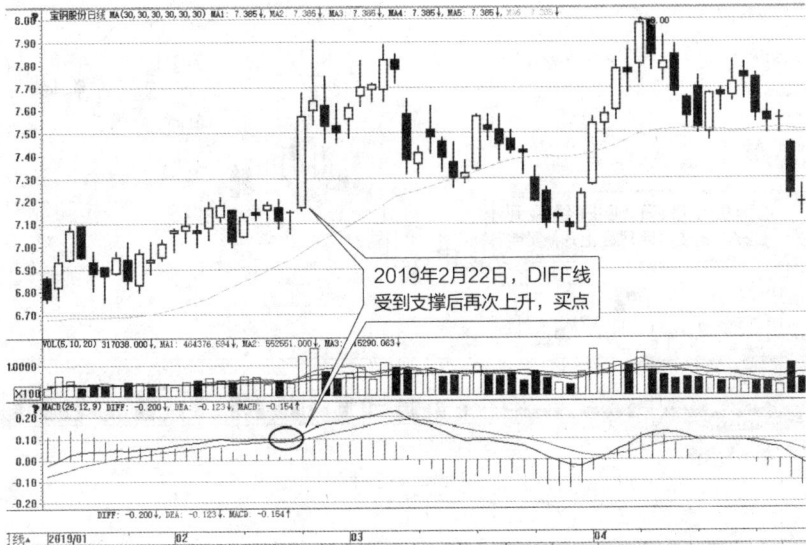

图 7-23 宝钢股份日 K 线

2019年2月22日，宝钢股份的DIFF线和DEA线形成拒绝死叉的形态。它表明市场多方动能仍居主导地位并再次发力，股价接下来有较大可能继续出现一波上涨走势，投资者可以积极买入。

2019年2月1日，信立泰（002294）的DIFF线与DEA线在零轴下方形成拒绝死叉形态。它表明市场整体上已经处于上涨趋势中，上涨动能已经居于主导地位并再次发力，股价接下来将出现一波上涨走势。投资者可以积极买入，之后股价出现了一波较大的涨势。

在以上的两个例子中，宝钢股份走势中的拒绝死叉形态和信立泰走势中的拒绝死叉形态虽然买点类似，但所代表的上涨动能不尽相同。这是因为，前者DIFF线和DEA线在形态形成的时候都处于零轴之上，多方动能仍居主导地位；而后者在形态形成的时候都处于零轴之下，反弹意味更强烈。

图 7-24 信立泰日 K 线

（2）拒绝金叉。

DIFF线受到DEA线的阻力称为拒绝金叉形态，是指在DEA线下方运行的DIFF线反弹向上但受到DEA线的阻力而再次向下的过程。它表明市场空方动能正居优势地位并再次发力，股价接下来将出现一波下跌走势。仍然持有股票的投资者要注意及时卖出，如图7-25和图7-26所示。

2013年2月19日，东方雨虹（002271）的DIFF线与DEA线形成拒绝金叉形态。它表明市场下跌动能再次发力，股价即将出现一波下跌走势，投资者要注意及时卖出。

2012年5月到8月，博深股份（002282）的DIFF线与DEA线在零轴下方两次形成拒绝金叉的形态。它表明市场下跌趋势已经基本形成，下跌动能居于主导地位并再次开始发力，之后该股价加速下跌。

在把握这个卖点时，投资者要注意以下三个关键点。

关键点1：拒绝金叉形态发生在零轴下方时，它所代表的下跌动能更强。

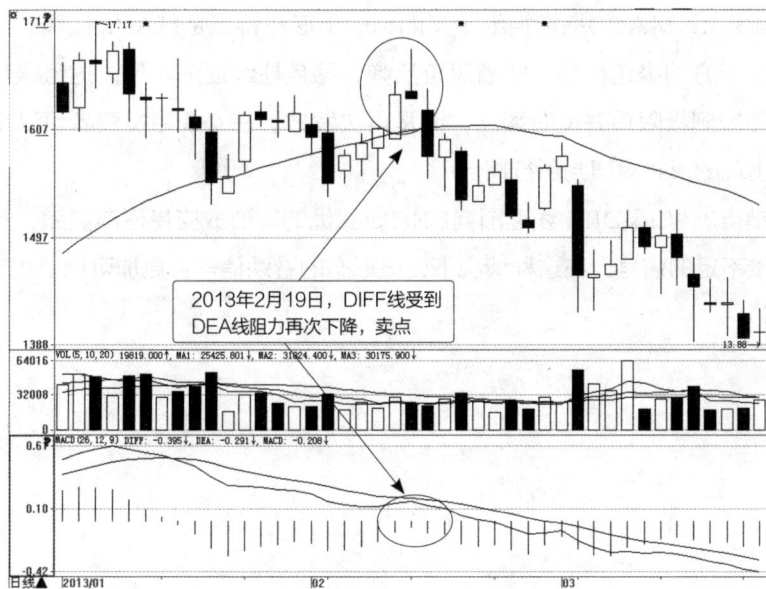

2013年2月19日，DIFF线受到
DEA线阻力再次下降，卖点

图 7-25 东方雨虹日 K 线

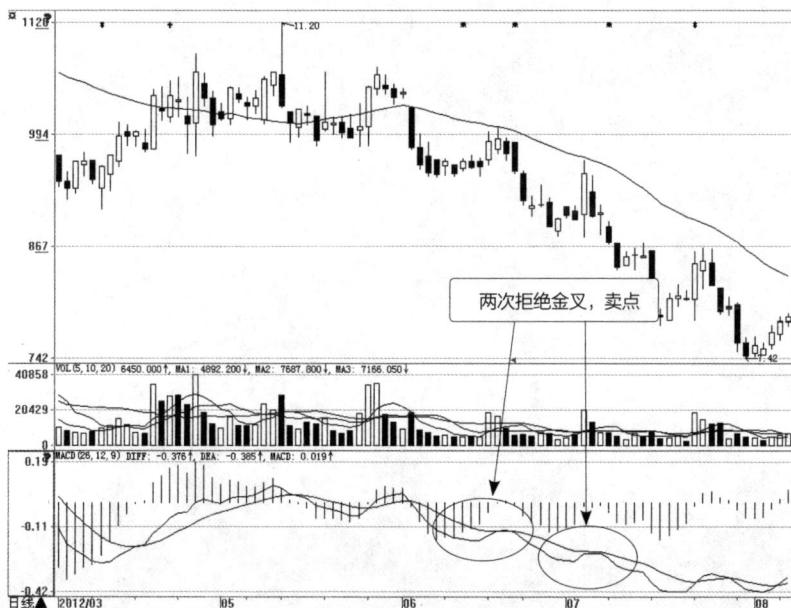

两次拒绝金叉，卖点

图 7-26 博深股份日 K 线

关键点2：MACD指标拒绝金叉的另一个形态特点是MACD柱线一开始是位于零轴下方的绿色柱线。随着股价反弹，绿色柱线逐渐收敛。这组绿色柱线的长度缩短到极限后并没有翻红，而是再次发散。在实战中投资者可以用这两个同时出现的形态对照判断行情。

关键点3：如果DIFF线逐渐向DEA线靠拢的同时成交量逐渐萎缩，是多方后续力量不足的信号。在这种情况下，该形态的看跌信号会更加可靠。

第八章
新手实战案例解读

1. **新手短线操作的五个实战案例**

◎ 中原高速：MACD 与双底形态的巧妙搭配

◎ 华电国际：只做横与竖

◎ 云天化：火中取栗的一种玩法

◎ 恒力石化：剧烈震荡中的机会与陷阱

◎ 亚宝药业：危险但充满刺激的抓底游戏

2. **新手中长线操作的五个实战案例**

◎ 天润工业：用均线进行中长线操作

◎ 长江通信：控制好仓位

◎ 五洲交通：中长线操作需要坚持不动

◎ 龙净环保：不要被中途震出场

◎ 安源煤业：关注 MACD 指标发出的信号

1.新手短线操作的五个实战案例

◎ 中原高速：MACD与双底形态的巧妙搭配

图8-1是中原高速（600020）从2009年8月到11月的走势图。

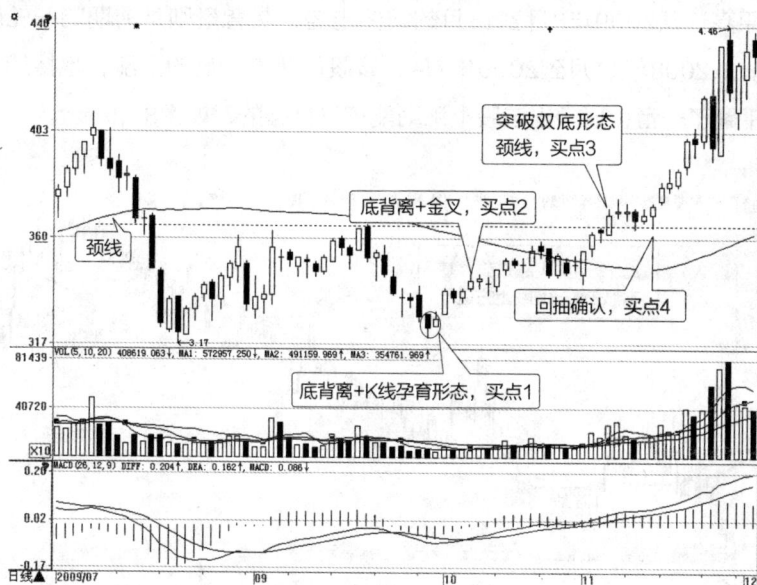

图 8-1 中原高速日K线

明显可以看出，9月底该股再次下跌，但没有跌破前期低点，而是基本与前期低点持平。此时MACD指标出现DIFF线与股价底背离的看涨形态。

9月30日，股价K线形成孕育形态，比较激进的投资者如果担心后市买入价位太高可以在这里就买入。

10月14日，MACD指标出现金叉，形成经典的"DIFF线与股价底背离+金叉"的看涨形态，投资者可以果断买入。

之后，双底形态逐渐形成。11月5日，股价向上突破双底形态的颈线，买点出现。前期没有入场投资者可以买入。随后几个交易日，股价突破颈线后又出现回抽确认走势，又是一个新的买点。之后该股加速上涨。

总结下来，短短四个月时间，就有四个买点出现。若能把握住其中几个，定能获得不错的短线收益。

该案例虽然简单，却展现了利用MACD指标、形态理论来进行短线操作的一些要点，这些要点投资者在实战中将会不断地遇到。

要点1：大涨之后的大跌。

中原高速从2009年8月到11月的震荡走势，其背景则是前期的一轮较大上涨趋势。从2008年11月到2009年7月，该股伴随着大盘的上涨，也持续上升，价格几乎翻了一番，显示出该股上涨动能还是挺强的，如图8-2所示。

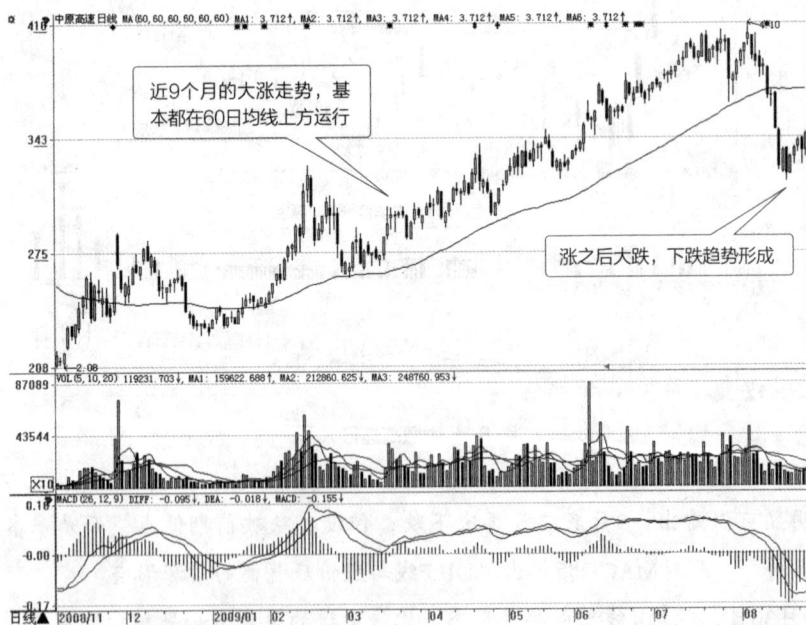

图8-2 中原高速的大涨大跌

到2009年8月，中原高速股价从60日均线上方快速下跌，连续出现几根大阴线，并顺利跌破60日均线，表明下跌趋势初步形成。之后股价反弹向上，但受到60日均线的阻力作用而再次向下，按照均线的市场意义，表明市场下跌趋势已经彻底形成了，投资者接下来的策略应该是持币观望。

但令人始料未及的是，价格跌到前期低点处开始止跌回升。就是这个止跌回升，令一切都有了转机。

这就是实战中常出现的情况：形势瞬息万变。因此，千万要保持对市场的不断观察，并且要抓住变的关键点。

要点2：密切注意转折点——没有跌破前期低点。

大涨之后出现大跌，且下跌趋势已经形成，但投资者在9月底突然发现股价没有跌破前期低点，这是一个转折点。

投资者对这种"走势的关键点"要密切关注，平时可以不在市场，但在这些关键点出现的时候，则一定要在场。

本来判断是下跌趋势，却发现没有创新低，所以必须修正之前的判断。即股价要出现的可能是震荡走势，也可能是上涨走势。但不管出现哪种走势，暂时的上涨是免不了的。所以，短线机会来了。

要点3：各交易工具捕捉短线机会的不同表现。

当机会来临的时候，各交易工具都会有所反应。最先反应过来的是K线形态，9月30日，K线出现孕育形态，这是一个比较明确的看涨信号，但看涨意义并不是很强。因为之前几个交易日也曾出现过看涨形态。例如，9月24日，股价就曾出现过锤子线，如图8-3所示。

其次是MACD指标，该指标的抄底功能正好在这里派上用场。9月底，MACD逐渐形成DIFF线与股价底背离的形态，这是上涨动能逐渐积聚在一起的标志，投资者要引起高度警惕。一直到10月15日，底背离后金叉出现，这是一个明确的买点。

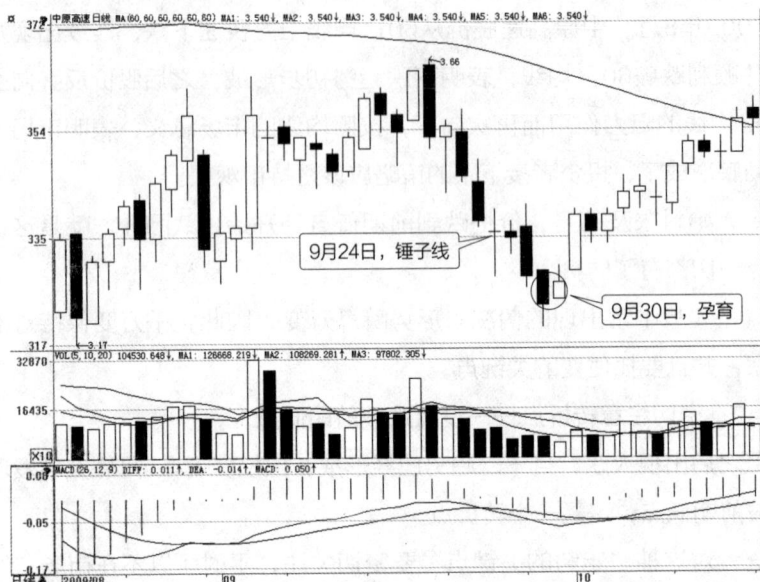

图 8-3 中原高速转折点上的 K 线图

但是，仍不能判断当前是否就是上涨趋势的前期走势。对短线投资者来说，除非突破60日均线，否则投资者就要逢高卖出，如图8-4所示。

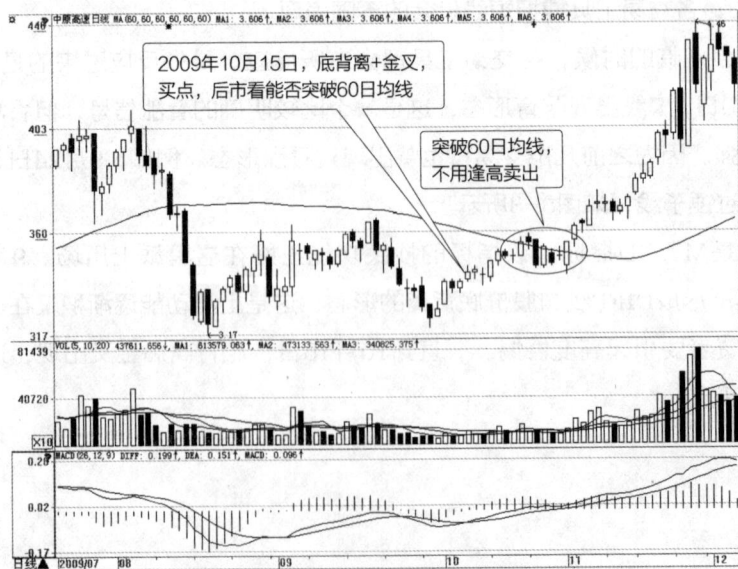

图 8-4 MACD 指标抓底演示

还有一个技术工具是第五章所讲的形态理论。9月底10月初，当股价再次向上时，投资者就要警惕双底形态的形成。之后，股价顺利突破颈线并回抽确认，形成两个买点。

总之，这三种技术分析工具各有特色。其中K线最为灵敏，但准确性较差；MACD指标的灵敏性和稳定性都较好，所以使用较为广泛；形态最为可靠，但出现次数较少。

要点4：双底形态的下手处。

在中原高速的案例中，双底形态的两个买点遵循传统的理论，虽然没有抓住上涨走势的底部，但能吃到走势上涨的主要阶段。

许多投资者对这种情况不满足，想通过双底形态攫取更多的收益，那就要在双底形态的雏形期多做文章。

具体来说，当第二个底刚具雏形时，就要高度关注，此时就可以参照K线形态理论适当买入。当股价突破颈线时，就可以加仓买入；当回抽确认时，可以考虑满仓操作。

当然，这样做也有风险，其风险在于双底雏形形成后，股价最终没有突破颈线反而下跌，这时候投资者要注意及时出场，如图8-5所示。

图8-5 中远海能日K线

图8-5是中远海能（600026）2012年8月到11月的日走势图。从图中可以看出，9月底，该股开始止跌回升，形成双底形态的雏形。9月26日，K线形成看涨吞没形态，投资者可以考虑适当买入。但之后股价的回升却阻力重重，最终无法突破颈线，投资者要注意及时离场。

◎ 华电国际：只做横与竖

图8-6是华电国际（600027）2012年4月到7月的走势图。

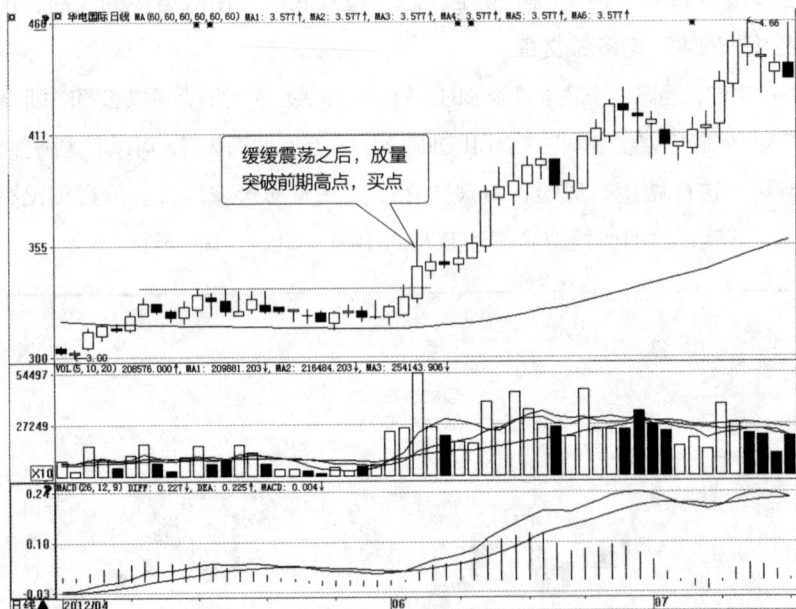

图 8-6 华电国际日K线

可以看出，2012年5月7日，华电国际的股价向上突破60日均线，表明上涨趋势初步形成。

之后，该股缓缓平移震荡，但一直都在60日均线上方，同时成交量也越来越低。6月1日、6月4日和6月5日，股价连续三个交易日放量大涨，一举突破前期震荡高点。它表明股价即将加速上涨，投资者要注意把握该买点。

当股价突破重要阻力线，如60日均线、前期密集成交区、颈线等，一般都有一个回调走势，以确认该突破的有效性。

回调确认的过程，一般有三种运行方式。

方式1：回调。

这是最经典、最常见的回调确认过程，表明上涨动能并不是特别强，而空方力量仍具较强的实力。回调的幅度一般遵守斐波那契数列，如图8-7所示。

图 8-7 中信证券日 K 线

可以看到中信证券（600030）在2012年2月9日向上突破60日均线，在3月29日股价又进行了回调，借助黄金分割线，可以看到回调幅度在斐波那契数列的0.382处。

方式2：缓缓平移。

这种方式下，股价以小阴小阳线的方式缓缓平行移动，表明多空双方势均力敌，之后上涨动能占据优势，将有一波较大的涨势。根据众多经验，平移有多长，上涨就有多高。

方式3：缓缓上移。

这种方式下，股价也以小阴小阳线的方式缓缓地向上移动，表明多空双方尽管还在激烈鏖战中，但多方已经占据了一定优势。之后股价有很大可能加速上涨走势，如图8-8所示。

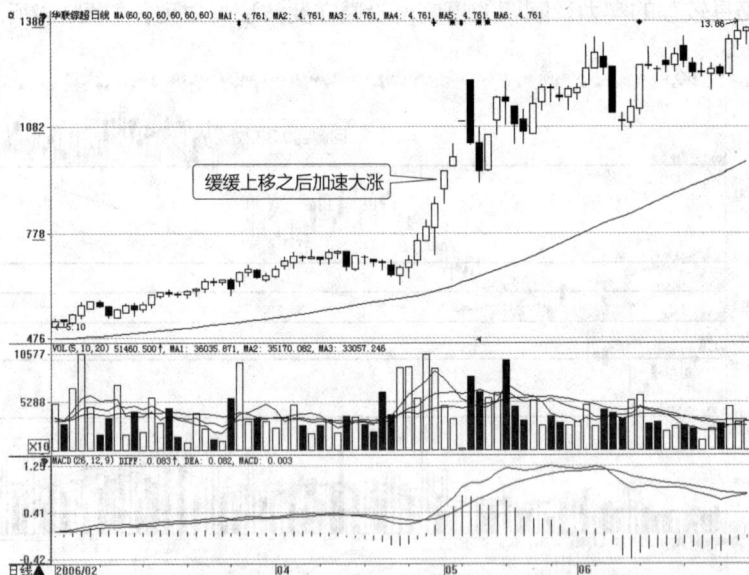

图8-8 华联综超（600361）日K线

方式2和方式3这两种回调方式，虽然少见，但只要一出现，就是波澜壮阔的大涨走势，而且其成功率还很高。因此，投资者可以在众多个股中，寻找具有这种走势特征的股票，也能获得不菲的收益。

◎ 云天化：火中取栗的一种玩法

图8-9是云天化（600096）从2011年11月到2012年8月的走势图，可以明显看出，这段时间该股处于下跌趋势。但投资者在注意防范风险的情况下，仍可以试着抢一抢反弹。

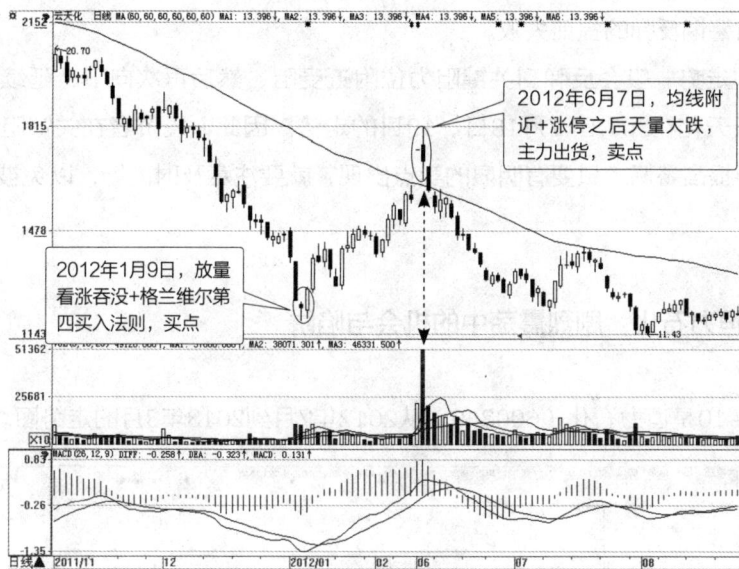

2012年6月7日，均线附近+涨停之后天量大跌，主力出货，卖点

2012年1月9日，放量看涨吞没+格兰维尔第四买入法则，买点

图8-9 云天化日K线

2012年1月6日，该股在经过加速下跌之后，出现一根锤子线，股价有较大可能出现一波反弹走势。第二个交易日（1月9日），股价放量大涨，形成一根大阳线，与1月6日K线组合在一起，形成经典的看涨吞没形态。投资者可果断地轻仓买入。到6月6日，股价以涨停板的形成直接突破60日均线，但第二天随即大跌，同时放出天量的成交量。它表明主力正在疯狂出货，投资者要注意迅速卖出持股。

我们常常说，下跌趋势中不要抢反弹，因为风险极大。但事情没有绝对，只要控制好风险，快进快出，也能获得一定的收益。做这个火中取栗的事情一定要注意以下几个要点。

要点1：细心。

要想火中取栗，第一重要的素质不是勇气，而是细心。这是所有高风险工作的共同特征。在实战中，要仔细检查每一个制胜因素、每一个风险点，争取在入场之前，就将风险控制在极低的范围之内。

要点2：关键阻力位。

做反弹走势，卖出点位的确立极其重要。一旦买入，就要注意卖点的出现，同时警惕反弹的提前失败。

反弹走势一般会反弹到关键阻力位附近受阻，然后再次向下，延续下跌趋势，如云天化在2012年7月18日、19日的走势。因此，投资者在关键阻力位附近一定要提高警惕，只要有明显的卖点出现，就要注意及时离场，以免被套。

◎ 恒力石化：剧烈震荡中的机会与陷阱

图8-10是恒力石化（600346）从2012年7月到2013年3月的走势图。

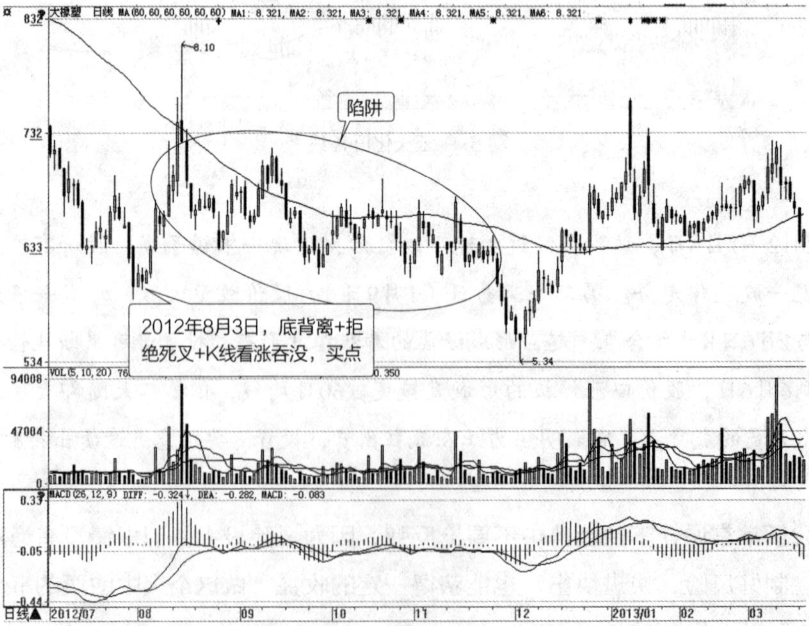

图 8-10 恒力石化日K线

从图8-10中可以看出，整体上该股一直处于震荡趋势中。2012年8月3日，该股出现"DIFF线与股价底背离+MACD拒绝死叉+K线看涨吞没"的买入形态，投资者可以果断买入。之后该股大幅上涨，8月15日股价反弹到60日均线处受阻，且该日K线形成长长的上影线，表明市场下跌动能非常强烈，投资者要注意及时卖出。

在把握短线买点时，关键阻力位出现长长的影线，是一个需要加以重点关注的现象，投资者可以分析其分时走势图，从分时走势图走势分析多空双方的动能变化情况，如图8-11所示。

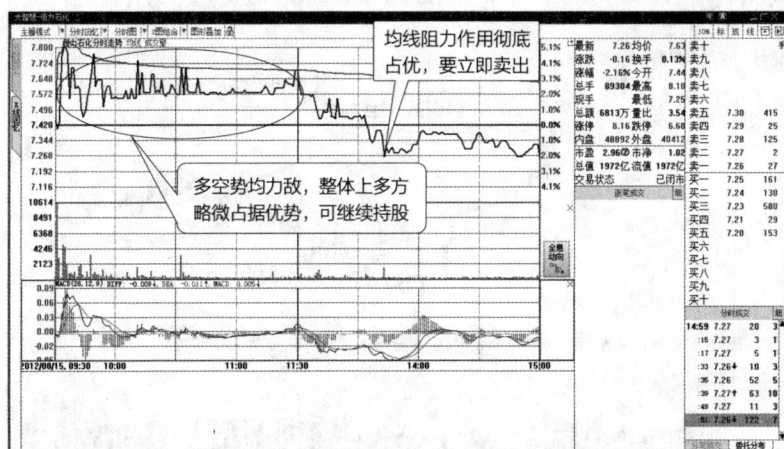

图 8-11 恒力石化 8 月 15 日分时走势图

图8-11是恒力石化2012年8月15日的分时走势图。当日，该股已经到关键阻力线60日均线处，在60日均线附近，多空双方在上午盘围绕着7.6元的价位进行了激烈的争夺，整体上多方稍微占据了主动，投资者仍然可以继续持股。

下午盘一开始，就大幅下跌，有效的反弹都没有，它表明空方动能已经占据了优势，60日均线的阻力作用开始发挥作用，投资者要注意及时卖出。

8月15日的卖点出现之后，该股后续走势缓缓震荡，但震荡幅度非常小，如图8-10所示。

这种小幅度、缓缓下降的震荡走势是投资者的操作陷阱。一旦买入，获益极小，但非常容易被扫掉止损，不管是中长线操作还是短线操作，这种陷阱走势都是要极力避免的。

◎ 亚宝药业：危险但充满刺激的抓底游戏

图8-12是亚宝药业（600351）从2012年10月到2013年2月的走势图。

图 8-12 亚宝药业日 K 线

从图8-12中可以看出，该股2012年10月到12月的走势类似于云天化，但下跌幅度更大。

12月10日，MACD指标形成"柱线与股价底背离+金叉"的看涨形态，投资者可以短线轻仓买入。之后与云天化不同的是，该股顺利突破60日均线，并在均线上方站稳，表明趋势彻底反转。

这就是利用MACD指标抓底的操作方法，该方法实际上非常危险。

在下跌趋势中，MACD指标出现"柱线与股价底背离"形态之后，虽然也有较大概率出现一波上涨走势，但只是会导致DIFF线逐渐向上，能否出现彻底的转势还是未知数。更多的情况是，股价短暂的反弹之后，会延续原来的下跌趋势。

因此，面对柱线与股价底背离形态，要警惕更为常见的下跌趋势的延续，如图8-13所示。

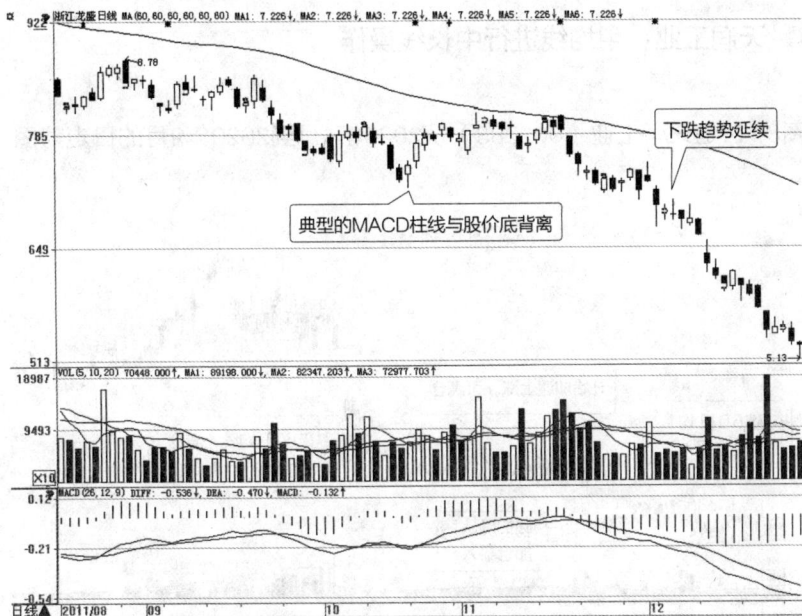

图8-13 浙江龙盛日K线

2011年10月23日、24日，浙江龙盛（600352）的MACD指标出现柱线与股价底背离形态。之后股价虽然反弹了一阵子，但很快就再次延续原来的下跌趋势了。

2. 新手中长线操作的五个实战案例

◎ 天润工业：用均线进行中长线操作

图8-14是天润工业（002283）从2020年4月到2020年9月的日走势图。

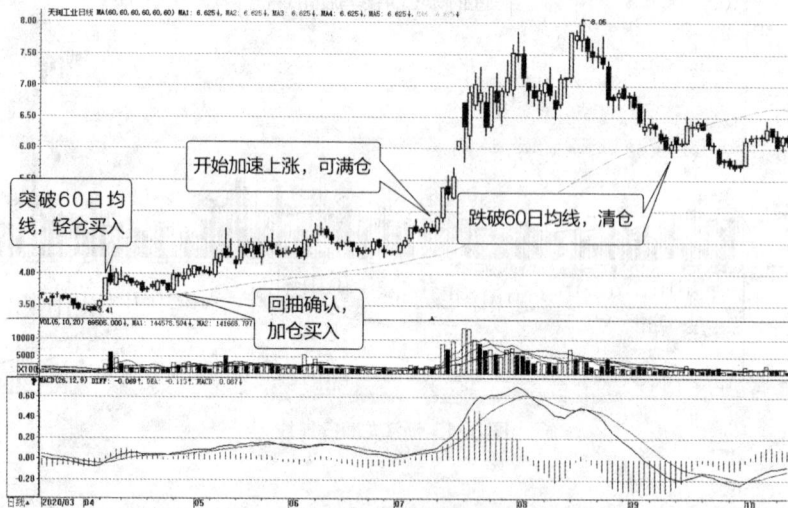

图8-14 天润工业日K线

从图8-14中可以很明显地看出，该股在这段时间内一直处于上涨趋势中，股价一直运行在60日均线上方。

2020年4月9日，股价向上突破60日均线，表明上涨趋势初步形成。投资者可以轻仓买入。

突破60日均线之后，股价在60日均线上方逐渐站稳，显示上涨趋势彻底形成。投资者可以在股价每次回调到均线附近的时候加仓买入。

7月13日，股价突破前期震荡高点，进入加速上涨阶段，投资者可以满仓，持股待涨。

2020年9月11日，股价跌破60日均线，表明下跌趋势初步形成，投资者要注意及时清仓。

该操作是利用均线进行中长线操作的一个典范，在5个月的时间里，共三次买入，然后满仓持股待涨，一直到2020年9月11日下跌趋势形成时一次性清仓，收益率至少在50%以上。

利用均线进行中长线操作，虽然很难买在最低点，卖在最高点，但能够比较稳妥地吃掉上涨趋势的主要上涨波段，且风险较低，如图8-15所示。

图8-15是亚太股份（002284）从2012年8月到2013年5月的日走势图。

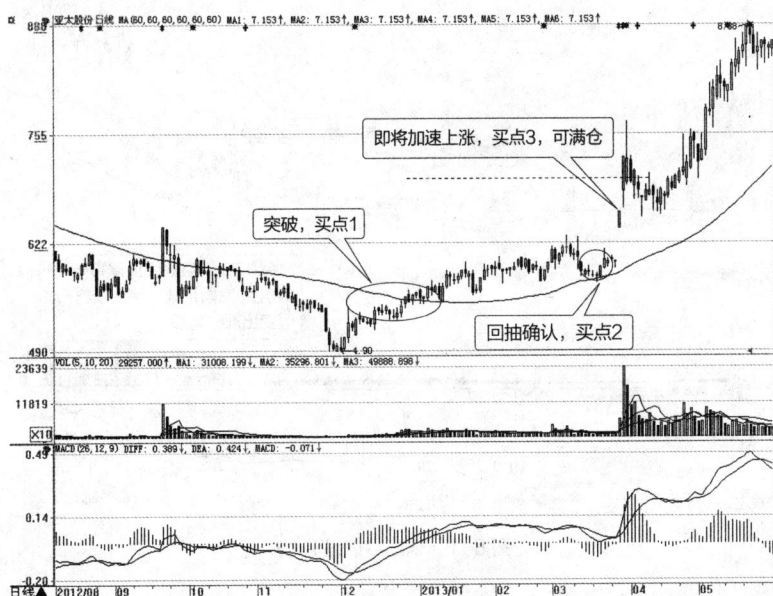

图 8-15 亚太股份日K线

可明显看出，该股在这段时间内，由下跌趋势反转为上涨趋势。

2012年11月底，该股加速下跌，再创新低，但下跌动能已是强弩之末，之后股价即止跌回升。2012年12月底到2013年1月初，股价向上突破60日均线，表明上涨趋势初步形成，投资者可以轻仓买入。

2013年3月20日，股价回调到60日均线处，受到支撑后再次向上，投资者可以加仓。

3月27日，股价放量以涨停板的形式突破前期高点，表明走势即将加速上涨，投资者可以满仓。

◎ 长江通信：控制好仓位

图8-16是长江通信（600345）从2012年10月到2013年5月的走势图。

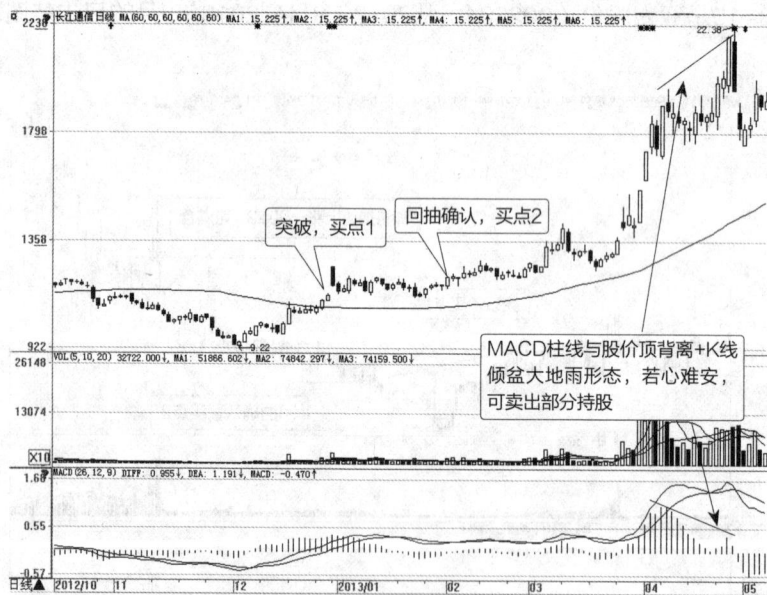

图8-16 长江通信日K线

从图8-16中可以看出，该股在这段时间内由下跌趋势反转为上涨趋势。

2012年12月25日，股价放量突破60日均线，买点1形成。

2013年1月28日，股价回抽确认，同时K线形成启明星形态，买点2出现，投资者可以满仓持股待涨。

持股到2013年4月9日，股价涨幅已经较大，但上涨趋势还没有结束，按道理投资者仍然应该持股待涨的。但MACD指标在4月25日出现经典的"MACD柱线与股价顶背离＋K线倾盆大雨形态"，这是一个较为强烈的短期看跌信号。

该怎么办？其实很简单。如果你是一个坚定的系统性、中长期交易者，不必管它，但要警惕接下来的下跌走势，看能否跌破均线，能否造成市场的彻底转势。

如果你的心面对这种强烈的短线卖点已经无法安宁，那么也不用强忍着自己的情绪，可以在卖点出现时卖出部分持股即可，剩下的部分等到下跌趋势形成时再卖出。

◎ 五洲交通：中长线操作需要坚持不动

图8-17是五洲交通（600368）从2008年10月到2009年8月的走势图。

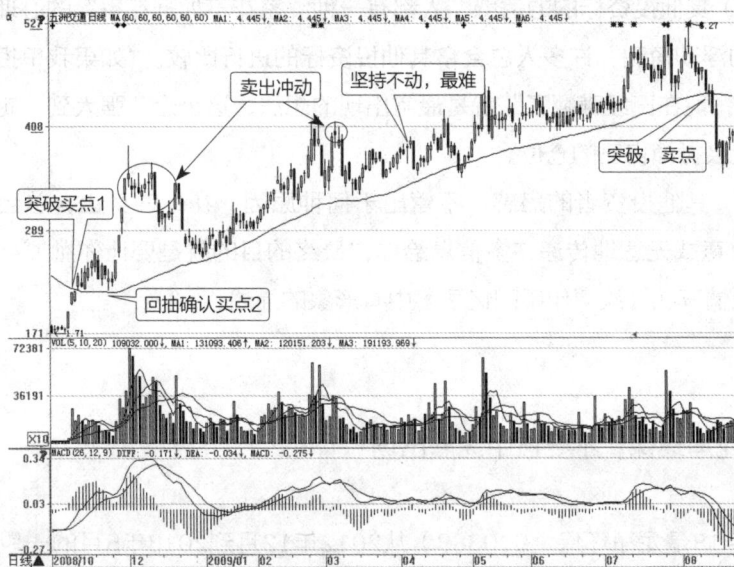

图 8-17 五洲交通日 K 线

从图8-17中可以看出，2008年11月10日，股价向上突破60日均线，上涨趋势初步形成，买点1出现。

11月25日，股价回抽确认，买点2形成。之后该股几乎始终在60日均线上方运行。

2009年8月14日，股价向下跌破均线，表明上涨趋势结束，卖点出现。

该股的操作仍然是用均线，虽然只有三笔操作，持续时间却近10个月。

在这10个月里，投资者大部分时间都只需要看着，但却不能行动，这就是坚持不动。这个过程实际上是非常难的，许多人都无法持有股票一直到8月14日，他们会在股价持续上涨的时候因为各种原因而卖出持股，最终在大牛市中无法大赚。

许多人能够判断正确，但坚持不动却很难做到。

之所以如此，是因为"坚持不动"面临着众多的心理障碍。

（1）强烈的获利了结的冲动。当投资者判断正确并大胆建仓一段时间之后，浮动盈利开始大幅出现，此时一个正常人的感受是"既喜且惧"。欢喜的是盈利终于大幅出现了，恐惧的是怕市场再次反转，煮熟的鸭子飞了。在喜惧参半心理的推动下，投资者很容易在短期反弹走势中获利了结。

（2）其他投资标的的诱惑。人都有一种"家花不如野花香"的心理，对自己当前的浮动盈利，许多人总会拿其他投资标的进行比较。"如果我早投资房子（股票），现在已经赚翻了"就是最常出现的想法，这个念头强大到一定程度，投资者就会抛掉自己的仓位。

（3）其他投资者的蛊惑。不管出于何种原因，在你的身边，总会有一些好心人有意或无意地传递许多信息给你，最终的目的就是要让你抛掉当前的仓位。这个情况在《股票作手回忆录》中有形象的描述。

◎ 龙净环保：不要被中途震出场

图8-18是龙净环保（600388）从2012年12月到2013年5月的一段经典走势图。

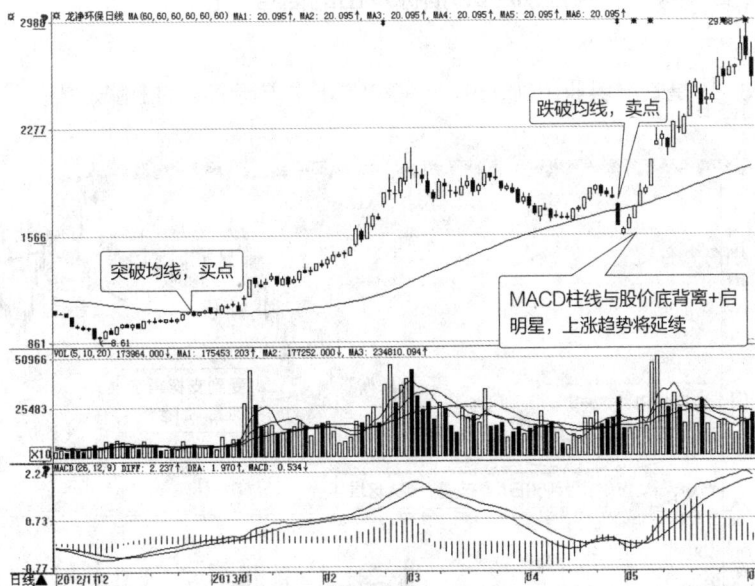

图8-18 龙净还保日K线

从图8-18中可以看出2012年12月31日，股价向上突破60日均线，买点出现，12月31日买入的投资者将获利丰厚。2013年3月初开始的震荡走势，4月26日股价以跳空跌停的架势跌破60日均线，卖点出现，投资者应该卖出持股。但5月3日，MACD指标出现"MACD柱线与股价底背离+启明星"的经典看涨形态，这是上涨趋势仍将延续的表现，已经卖出的投资者要注意迅速再次入场，否则将很有可能踏空上涨行情。

的确，中长线操作最怕的就是中途提前离场，踏空行情。在本例中，2013年4月26日的下跌显得来势汹汹并迅速跌破均线，随后MACD指标"柱线与股价的底背离"则表明上涨趋势并没有结束。

因此，投资者在判断市场上涨趋势是否结束时，要注意MACD指标柱线的妙用。

◎ 安源煤业：关注MACD指标发出的信号

图8-19是安源煤业（600397）在2009年牛市行情中的上涨走势。

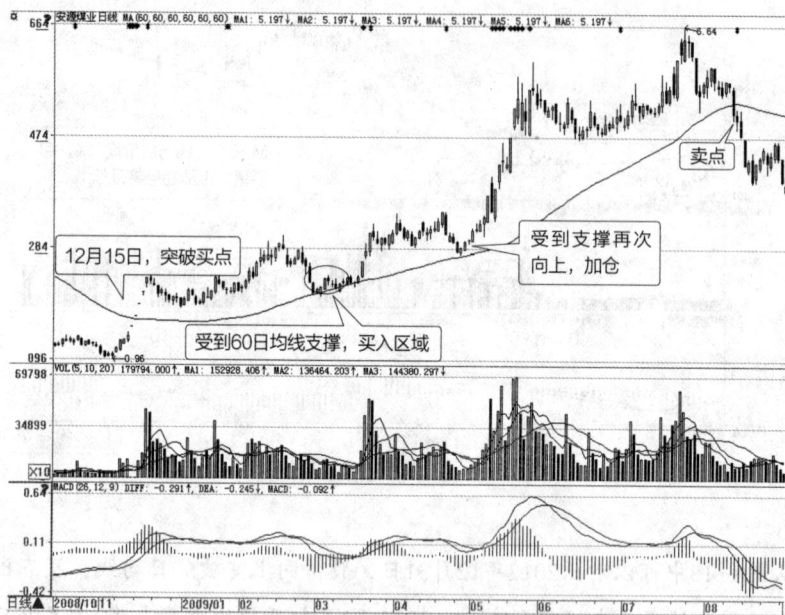

图 8-19 安源煤业日 K 线

在这波走势中，投资者要注意12月15日的突破买点，以及3月初、4月底的两个加仓买点。8月12日，股价跌破60日均线，投资者可以果断卖出。

在这段行情中，MACD指标总是会适时地发出看跌信号，如2009年2月19日的"DIFF线与股价顶背离+死叉"，7月28日的"DIFF线与股价顶背离+黄昏星"。这些卖出信号代表一定的下跌动能正在不断积聚，股价在接下来将出现一波下跌走势，但能否彻底地让走势反转，则需要继续观察。但不管下跌动能是强是弱，投资者都可以先卖出部分持股以降低风险。

◎ 熟练使用大智慧软件中的热键

俗话说"工欲善其事，必先利其器"，对投资者来说，其分析大盘走势、个股走势乃至最终买入、卖出，都是通过看盘软件完成的，因此，熟练掌握看盘软件，特别是一些热键（即快捷键）的使用技巧，可以使人在看盘时更加得心应手、事半功倍。

大智慧炒股软件的功能将随着科技的不断进步而不断地强大。投资者在使用过程中，要注意用心分析，不断地总结各种使用技巧。下面，给大家介绍的是最简单、最常用的大智慧的热键功能使用技巧。

大智慧炒股软件中的热键见下表。

热键 分类	详细介绍			
常用 快捷键	F1	帮助/成交明细	/	副图中的指标切换
	F2	分价表	+	小窗口的内容切换
	F3	上证指数	Pause Break	老板键
	F4	深证成指	空格	查看历史上某日的分时图
	F5	分时图/K线图	061	自选股1

热键 分类	详细介绍			
	F6，06	自选股	062	自选股2
	F7	条件选股	063	自选股3
	F8	分析周期	064	自选股4
	F9	画线工具	065	自选股5
	F10	个股资料	066	自选股6
	F11	价格还权	067	自选股7
	F12	委托	068	自选股8
	←与→	十字光标	069	自选股9
	↑与↓	区间缩小/放大	M+回车	邮件系统
Alt 组合键	Alt＋1	只显示主图	Alt＋X	自选股设置
	Alt＋2	显示主图和一个副图	Alt＋F2	板块对比分析
	Alt＋3	显示主图和两个副图	Alt＋F4	退出
	Alt＋4	显示主图和三个副图	Alt＋F5	全屏显示
	Alt＋5	显示主图和四个副图	Alt＋F7	条件选股
	Alt＋6	显示主图和五个副图	Alt＋F10	备忘录
	Alt＋M	最高价/最低价标记	Alt＋←	历史回忆日期前移
	Alt＋H	帮助	Alt＋→	历史回忆日期后移
	Alt＋I	信息地雷	Alt＋D	除权标记
	Alt＋Q	退出	Alt＋Z	当前股票加入自选股板块

热键 分类	详细介绍				
Ctrl 组合键	Ctrl + F4	报价牌	Ctrl + K	时空隧道	
	Ctrl + F5	系统指示	Ctrl + L	对数坐标 （仅限K线窗口中）	
	Ctrl + F6	选择指标	Ctrl + M	多图组合	
	Ctrl + F7	系统测试平台	Ctrl + N	普通坐标 （仅限K线窗口中）	
	Ctrl + F8	数据管理中心	Ctrl + P	百分比坐标 （仅限K线图窗口中）	
	Ctrl + F9	优选交易系统（仅限 K线图窗口中）	Ctrl + O	选项 （仅限报价牌窗口中）	
	Ctrl + F10	备忘录	Ctrl + Q	移动成本	
	Ctrl + PgDn	自动换页	Ctrl + R	前/后复权	
	Ctrl + Tab	切换当前窗口	Ctrl + S	相关性分析	
	Ctrl + A	预警-运行	Ctrl + T	双向除权	
	Ctrl + B	板块对比	Ctrl + W	报价牌	
	Ctrl + D	数据管理中心	Ctrl + X	画线工具	
	Ctrl + F	公式管理	Ctrl + Y	10%分时坐标	
	Ctrl + I	全屏显示	Ctrl + Z	投资管理	
	Ctrl + J	计算器	—	—	

（续表）

热键分类	详细介绍			
数字键	0	分笔成交图	59	实时观察
	1	成交明细	61	上A涨幅排名
	2	分价表	62	上B涨幅排名
	3	上证领先	63	深A涨幅排名
	4	深证领先	64	深B涨幅排名
	5	分时图日K线图	65	上证债券涨幅排名
	6	自选股	66	深证债券涨幅排名
	7	条件选股	67	创业板涨幅排名
	8	分析周期切换	69	中小企业涨幅排名
	9	画线工具	80	全部A股综合排名
	10	个股资料	81	上证A股综合排名
	60	全部A股涨幅排名	82	上证B股综合排名
	30	板块指数	83	深证A股综合排名
	31	板块指数涨幅排名	84	深证B股综合排名
	33	主题投资库	85	上证债券综合排名
	41	开放式基金	86	深证债券综合排名
	42	LOF基金	87	创业板综合排名
	43	ETF基金	89	中小企业综合排名
	51至57	常用板块切换	—	—

（续表）

热键 分类	详细介绍				
图形分析 窗口	0	分笔成交图	7	周K线图
	1	1分钟K线图	8	月K线图
	2	5分钟K线图	9	多日K线图
	3	15分钟K线图	10	个股资料
	4	30分钟K线图	11	季度K线图
	5	60分钟K线图	12	半年K线图
	6	日K线图	13	年K线图
	250	250日K线图	—	—
动态 显示牌	1	上证A股	6	深证债券
	2	上证B股	7	上证基金
	3	深证A股	8	深证基金
	4	深证B股	9	中小企业
	5	上证债券	10	个股资料
	11至23	各类排行	—	—
Level2行 情快捷键	QXGSPK	全息高速盘口	DDE	DDE决策
	ZLSSJK	主力实时监控	CYZJ	资金流向

（续表）

热键分类	详细介绍			
股票相关快捷键	HGT	沪港通综合屏	GDZJC	股东增减持
	AHP	AH比价	IPO	新股IPO
	HGTHQ	沪港通行情	SMF	融资融券
	HK	全部港股	RR	研究报告
	QBZGG	全部中概股	GEI	全球股指
	SCE	上期所	HJXH	黄金现货
	DCE	大商所	JT	君泰贵金属
	ZCE	郑商所	SCF	小币种汇率
	COX	纽约COMEX	HO	期权
	CME	芝加哥CME	—	—
新闻资讯快捷键	ZXZX	最新咨询	GSGG	公司公告
	GPXW	股票新闻	FMXW	负面新闻
	DBXW	大报新闻	NS	新闻驱动个股
	HGTXW	沪港通新闻	—	—